대한민국 한자 자격 검정시험 대비를 위한

급수 한자자격 기출예상문제집

지능·신기교육
borambook.co.kr

漢字

한자를 알면 미래가 보인다.

이 책은 社團法人 韓國民間資格協會
資格管理者인 한국서예한자자격협회 등이
시행하는 대한민국 한자자격검정시험을 위한
문제은행식 예상문제집으로 출간되었다,
이 책에 실린 문제는 실전문제를 수록하였을 뿐만
아니라 문제집 앞부분에 각 급수마다 배정한자의
훈음은 물론 전 단계 급수 배정한자의 훈음도 함께 실어
한자자격검정시험을 준비하는 수험생의
입장에서 편집하였다.
또한 매 급수마다 배정한자를 활용한 단어와 뜻을 국어 사전식으로
배열하여 어휘력 증진은 물론 자습서 역할도 할 수 있도록
세심한 배려를 하였다.
이와 같이 여러 가지 유형을 알고 읽고 쓸 줄 안다면
그야말로 해당 급수에서 진정한 실력으로
급수자격을 획득할 수 있으리라 확신하여
社團法人 韓國書藝漢字敎育開發院과 한국서예한자자격
협회에서는 1년여의 출제기간을 거쳐
이 문제집을 藝文觀을 통하여
출간하게 되었다.

이 책의 특징

1. 앞 단계 배정한자를 포함한 급수별 배정한자의 훈음을 실었다.

2. 앞 단계 배정한자를 포함하여 문제를 출제하였다.

3. 배정한자의 쓰기본을 실어 누구나 쉽게 익힐 수 있도록 하였다.

4. 각 급수별 선정된 한자의 대표적 훈음을 동아 신활용옥편 (동아출판사1995)을 참고하여 실어 수험생의 자습서 역할도 할 수 있도록 하였다.

5. 각 급수별로 배정된 한자를 훈음 써보기 난과 훈음을 한자로 바꿔 써보기 난을 두어 문제를 풀어보기 전에 배정한자의 훈음을 익힐 수 있도록 하였다.

6. 급수별 배정한자를 활용한 단어와 뜻을 실어 어휘력 향상에도 도움이 될 수 있도록 하였다.

7. 문제의 모범답안을 실어 스스로 실력을 점검해 볼 수 있도록 하였다.

8. 단어를 펜글씨로 써보기 란을 두어 예쁜 글씨를 쓰면서 단어를 익힐 수 있도록 하였다.

■ 출제기준표

문제유형		급수별 분항 비율(%)							예제
		7급	준6급	6급	준5급 5급	준4급 4급	준3급 3급	2급 1급	
읽기	한자어 독음 쓰기	25	10	20	20	20	20	10	孝道(효도)
	문장속 한자어 독음쓰기	*	5	10	10	10	10	10	孝道(효도)는 모든 행실의 근본이다.
	한자훈음쓰기	15	14	20	20	20	20	20	孝(효도효)
쓰기	낱말풀이보고 바꿔쓰기	*	2	5	5	5	5	5	효도:부모를 잘 섬기는 도리=(孝道)
	문장속 낱말 바꿔쓰기	*	5	10	10	10	10	20	효도(孝道)는 모든 행실의 근본이다.
	훈음에 맞는 한자쓰기	*	8	20	20	20	20	25	효도 효(孝)
기타	고사성어 및 사자성어	*	2	2	2	2	2	2	죽어서도 은혜를 갚는다는 뜻을 가진 고사성어는? (結草報恩) 혹은 뜻을 쓰기
	맞는 것 끼리 연결하기	10	*	*	*	*	*	*	서로 맞는 것 끼리 연결하시오.
	반의자 및 동의자	*	2	4	4	4	4	4	다음 한자의 반의자(동의자)를 쓰시오.
	한자어 뜻쓰기	*	1	4	4	4	4	4	孝道:(부모를 잘 섬기는 도리)
	사지선답형	*	*	3	3	3	3	*	다음 뜻이 다르게 쓰인 것은? ①音樂 ②樂器 ③農樂 ④娛樂
	부수 및 획수	*	1	2	2	2	2	2	다음 한자의 부수 및 총획수를 쓰시오.

※ 1. 7급. 준6급(50문항)을 제외한 각 급수별 공히 출제 문항수는 100문항
  2. 한자어 독음쓰기, 한자 훈음 쓰기, 훈음에 맞는 한자쓰기는 2급부터 1급은 1문제당 두 개씩 출제하며 하나만 맞을 경우 0.5점 처리
  3. 각 급수 공히 전단계 해당한자에서 40%, 현단계 해당한자에서 60% 출제함.

■ 각급수별 배정한자

급 수	급수별 배정한자수	비 고	급 수	급수별 배정한자수	비 고
8급	50	교육부 선정 상용한자	준3급	1,400	교육부 선정 상용한자
7급	100		3급	1,800	
6급	250		2급	2,400	
준5급	400		1급	3,500	학술연구 전문한자
5급	600		사범2급	4,000	
준4급	800		사범1급	5,000	
4급	1,000		▷사범 논술시험 100점 추가		

차 례

머리말 ··· 2

이 책의 특징 ·· 3

출제 기준표 ·· 4

차례 ·· 5

한자의 원리 ·· 6

배정한자 훈음 ·· 7

습자본 ·· 11

한자와 훈음 쓰기 ·· 20

기출문제(5회) ·· 31

예상문제(20회) ·· 41

모범답안 ·· 81

한자의 원리

(1)한자의 원리

漢字는 모양(形, 형), 소리(音, 음), 뜻(義, 의)의 3요소로 이루어진 글자로서, 이들 3요소를 결합 원리로 삼고 있다. 이 원리를 육서(六書)라고 하며, 다음과 같이 분류한다.

① 사물의 모양을 본뜬 글자-상형자 (象形字)

처음 한자를 만들 때에는 사물의 모양을 그대로 본떠 글자를 만들었으나 차츰 간단하게 정리되었다. 대개 자연 현상, 인체, 동물과 식물 등을 뜻하는 한자들이 여기에 속한다.

예) ☼ → 日, ☽ → 月,   ☂ → 雨

② 생각이나 뜻을 부호로 나타낸 글자-지사자 (指事字)

눈에 보이지 않는 사물의 수나 양, 위치 등을 추상적이고 상징적으로 나타낸 글자다. 물체의 모양으로는 구체적으로 나타낼 수 없는 대상을, 일정한 기준에 따라 선이나 점으로 나타낸다.

예) 上, 下, 中

③ 뜻과 뜻을 합한 글자-회의자 (會意字)

이미 만들어진 둘 이상의 글자를 결합하는 방법으로, 그 글자들의 본래 뜻을 살려 새 뜻을 나타내고, 음은 그 글자들과 다른 새로운 음을 취한다.

예) 日 + 月 = 明, 亻 + 木 = 休, 木 + 木 = 林

④ 뜻과 음을 합한 글자-형성자(形聲字)

두 글자 이상이 결합하는 것은 회의와 같으나, 한 글자에서는 뜻을, 다른 글자에서는 음을 따 하나의 한자를 만든다는 점에서 회의와 차이가 있다. 이 형성자는 그 수가 매우 많다.

예) 頭 = 豆(두) + 頁(머리), 校 = 木(목) + 交(사귀다)

⑤ 다른 뜻으로 활용되는 글자-전주자 (轉注字)

한 글자의 뜻이 그 비슷한 뜻 안에서 바뀌어 사용되는 경우를 말한다. '樂'은 '음악'이란 뜻인데, 음악을 하면 즐겁고 좋으므로 '즐겁다, 좋다' 라는 뜻으로도 쓰이는 것이 그 예이다.

예) 樂 (풍류악 → 즐거울락 → 좋아할요)

⑥ 음이나 모양을 빌려쓰는 글자-가차자 (假借字)

이미 지니고 있는 의미와는 상관없이 그 글자의 음이나 모양을 빌려서 다른 사물을 나타내는 방법이다. 동물의 울음소리, 한자의 조사, 외래어 등을 표기할 때 쓰인다.

예)France(프랑스) → 佛蘭西, Asia(아시아) → 亞細亞

■ 5급 한자훈음(600자) <▲는 5급 신습한자 200자>

ㄱ		件 물건 건▲	共 함께 공▲	近 가까울 근	꽃이름 란
家 집 가		健 굳셀 건▲	公 공변될 공	斤 도끼 근	但 다만 단▲
佳 아름다울 가		巾 수건 건	果 과실 과▲	金 쇠 금	單 홑 단▲
可 옳을 가		檢 검사할 검▲	課 매길 과▲	성 김	短 짧을 단
歌 노래 가		格 격식 격▲	科 조목 과	今 이제 금	端 끝 단▲
加 더할 가		犬 개 견	過 지날 과▲	禁 금할 금▲	談 말씀 담▲
各 각각 각		見 볼 견	戈 창 과	及 미칠 급	答 대답할 답
角 뿔 각		나타날 현	瓜 오이 과	給 줄 급▲	當 마땅할 당
干 방패 간		決 결단할 결▲	官 벼슬 관▲	急 급할 급	大 큰 대
間 사이 간		結 맺을 결▲	觀 볼 관▲	級 차례 급	代 대신할 대
看 볼 간		京 서울 경	光 빛 광	己 몸 기	待 기다릴 대▲
艮 그칠 간		景 볕 경▲	廣 넓을 광	記 적을 기	對 대답할 대
渴 목마를 갈▲		輕 가벼울 경▲	交 사귈 교	其 그 기	德 큰 덕
甘 달 감		經 지날 경▲	校 학교 교	期 기약할 기▲	刀 칼 도
減 덜 감▲		敬 공경할 경▲	橋 다리 교▲	基 터 기	度 법도 도
感 느낄 감		競 다툴 경▲	敎 가르칠 교	氣 기운 기	道 길 도
監 살필 감▲		界 지경 계	九 아홉 구	技 재주 기▲	島 섬 도▲
江 강 강		計 셈할 계	口 입 구	器 그릇 기▲	都 도읍 도▲
强 강할 강		古 옛 고	求 구할 구	吉 길할 길	圖 그림 도
改 고칠 개▲		故 예 고▲	救 구원할 구▲	ㄴ	讀 읽을 독
個 낱 개▲		固 굳을 고▲	句 글귀 구	南 남녘 남	구절 두
開 열 개		苦 괴로울 고	具 갖출 구▲	男 사내 남	獨 홀로 독▲
客 손님 객▲		高 높을 고	國 나라 국	內 안 내	同 한가지 동
更 다시 갱		告 고할 고	君 임금 군	女 계집 녀	洞 마을 동
고칠 경		뵙고청할 곡	郡 고을 군▲	年 해 년	꿰뚫을 통
去 갈 거		谷 골 곡	軍 군사 군	念 생각 념▲	冬 겨울 동
巨 클 거		曲 굽을 곡	弓 활 궁	農 농사 농	東 동녘 동
車 수레 거		骨 뼈 골	貴 귀할 귀▲	能 능할 능	斗 말 두
수레 차		工 장인 공	鬼 귀신 귀	ㄷ	豆 콩 두
擧 들 거▲		功 공 공▲	規 법 규	多 많을 다	頭 머리 두
建 세울 건▲		空 빌 공	極 다할 극▲	丹 붉을 단▲	等 등급 등

한자	훈	음
登	오를	등
[ㄹ]		
樂	즐거울	락
	풍류	악
	좋아할	요
落	떨어질	락
卵	알	란
來	올	래
冷	찰	랭▲
良	어질	량
兩	두	량▲
量	헤아릴	량▲
旅	나그네	려▲
力	힘	력
歷	지낼	력▲
練	익힐	련▲
列	벌일	렬
令	하여금	령
領	거느릴	령▲
禮	예도	례
路	길	로
老	늙을	로
勞	일할	로
綠	푸를	록▲
鹿	사슴	록
料	헤아릴	료▲
龍	용	룡
流	흐를	류
六	여섯	륙
陸	뭍	륙▲
里	마을	리
理	이치	리
利	이로울	리
李	오얏나무	리
林	수풀	림
立	설	립
[ㅁ]		
馬	말	마
麻	삼	마
萬	일만	만
滿	찰	만▲
末	끝	말
亡	망할	망
望	바랄	망▲
每	매양	매
買	살	매▲
賣	팔	매▲
麥	보리	맥
勉	힘쓸	면▲
面	낯	면
免	면할	면
名	이름	명
命	목숨	명
明	밝을	명
母	어미	모
毛	털	모
矛	창	모
木	나무	목
目	눈	목
武	군셀	무▲
無	없을	무
毋	말	무
門	문	문
問	물을	문
聞	들을	문
文	글월	문
勿	말	물
物	물건	물
米	쌀	미
未	아닐	미
味	맛	미▲
美	아름다울	미
民	백성	민
[ㅂ]		
反	돌이킬	반
飯	밥	반▲
半	절반	반
發	필	발
方	모	방
房	방	방▲
放	놓을	방▲
白	흰	백
百	일백	백
番	차례	번
法	법	법
變	변할	변▲
病	병들	병
保	보전할	보▲
步	걸음	보
報	갚을	보▲
福	복	복
服	옷	복
卜	점칠	복
本	근본	본
夫	사내	부
父	아버지	부
富	부자	부▲
部	떼	부
婦	아내	부▲
北	북녘	북
	달아날	배
分	나눌	분
不	아니	불
	아닌가	부
佛	부처	불▲
比	견줄	비
非	아닐	비
飛	날	비
鼻	코	비
備	갖출	비▲
貧	가난할	빈▲
氷	얼음	빙▲
[ㅅ]		
四	넉	사
巳	여섯째지지	사
士	선비	사
仕	벼슬할	사▲
寺	절	사
史	역사	사
使	부릴	사▲
謝	사례할	사▲
師	스승	사▲
死	죽을	사
私	사사로울	사▲
絲	실	사
思	생각	사▲
事	일	사
山	뫼	산
産	낳을	산
算	셈할	산
三	석	삼
上	위	상
尙	오히려	상▲
賞	상줄	상▲
商	장사	상
霜	서리	상▲
喪	죽을	상▲
色	빛	색
生	날	생
西	서녘	서
書	글	서
石	돌	석
夕	저녁	석
先	먼저	선
仙	신선	선▲
線	줄	선
善	착할	선▲
選	가릴	선▲
雪	눈	설▲
說	말씀	설▲
	달랠	세
	기쁠	열
舌	혀	설
姓	성씨	성
性	성품	성
成	이룰	성
城	재	성▲
誠	정성	성▲
盛	성할	성▲
省	살필	성
	덜	생
星	별	성▲
聖	성인	성▲
聲	소리	성▲

世	인간	세	申	펼	신	億	억	억▲	羽	깃	우	人	사람	인
細	가늘	세▲	神	귀신	신	言	말씀	언	雲	구름	운▲	仁	어질	인▲
勢	권세	세▲	臣	신하	신	業	업	업	運	운전할	운	因	인할	인
歲	해	세▲	信	믿을	신	餘	남을	여▲	雄	수컷	웅▲	一	한	일
小	작을	소	辛	매울	신	如	같을	여▲	元	으뜸	원	日	날	일
少	적을	소	新	새로울	신	易	바꿀	역▲	原	근본	원	入	들	입
所	바	소	室	집	실		쉬울	이	願	바랄	원▲			
俗	풍속	속▲	實	열매	실▲	然	그럴	연	遠	멀	원	ㅈ		
孫	손자	손	心	마음	심	熱	더울	열▲	園	동산	원	子	아들	자
松	소나무	송▲	十	열	십	葉	잎	엽▲	月	달	월	字	글자	자
送	보낼	송▲	氏	성씨	씨	永	길	영	位	자리	위	自	스스로	자
水	물	수		ㅇ		英	꽃부리	영	爲	할	위▲	者	사람	자▲
手	손	수	兒	아이	아	藝	재주	예▲	酉	열째지지	유	作	지을	작
首	머리	수	牙	어금니	아	五	다섯	오	有	있을	유	長	긴	장
須	모름지기	수	惡	악할	악▲	午	낮	오	幼	어릴	유	章	글	장▲
數	셈	수		미워할	오	玉	구슬	옥	肉	고기	육	場	마당	장
順	순할	순▲	安	편안할	안	屋	집	옥▲	育	기를	육	將	장수	장▲
習	익힐	습▲	案	책상	안▲	溫	따뜻할	온	恩	은혜	은▲	才	재주	재
勝	이길	승	眼	눈	안▲	瓦	기와	와	銀	은	은	爭	다툴	쟁
市	저자	시	暗	어두울	암▲	完	완전할	완	乙	새	을	貯	쌓을	저
示	보일	시	夜	밤	야	曰	가로	왈	音	소리	음	低	낮을	저
是	이	시▲	野	들	야▲	王	임금	왕	陰	그늘	음▲	赤	붉을	적
時	때	시	弱	약할	약	往	갈	왕▲	邑	고을	읍	敵	원수	적▲
詩	글	시	若	같을	약	外	바깥	외	衣	옷	의	田	밭	전
視	볼	시▲		반야	야	浴	목욕할	욕▲	義	옳을	의▲	全	온전할	전
施	베풀	시▲	藥	약	약▲	用	쓸	용	醫	병고칠	의▲	前	앞	전
試	시험할	시▲	羊	양	양	容	얼굴	용▲	意	뜻	의	展	펼	전▲
矢	화살	시	洋	큰바다	양	宇	집	우	二	두	이	戰	싸울	전▲
食	밥	식	養	기를	양▲	右	오른쪽	우	以	써	이▲	電	번개	전
植	심을	식	陽	볕	양	牛	소	우	耳	귀	이	傳	전할	전▲
識	알	식▲	魚	물고기	어	友	벗	우	而	말이을	이	接	이을	접▲
	기록할	지	漁	고기잡을	어▲	雨	비	우	移	옮길	이▲	丁	넷째천간	정
身	몸	신	語	말씀	어	又	또	우						

停	머무를 정▲	舟	배 주	淸	맑을 청	貝	조개 패	許	허락할 허▲
正	바를 정	竹	대 죽	體	몸 체	敗	패할 패▲	革	가죽 혁
政	정사 정▲	中	가운데 중	初	처음 초	片	조각 편	現	나타날 현
定	정할 정	重	무거울 중	草	풀 초	便	편할 편	玄	검을 현
精	자세할 정▲	曾	일찍 증▲	寸	마디 촌		오줌 변	血	피 혈
庭	뜰 정	增	더할 증▲	最	가장 최▲	平	평평할 평	穴	구멍 혈
弟	아우 제	支	지탱할 지	秋	가을 추	閉	닫을 폐▲	協	도울 협▲
第	차례 제	止	그칠 지	祝	빌 축▲	布	베 포	兄	맏 형
祭	제사 제▲	之	갈 지	春	봄 춘	表	겉 표	形	형상 형
題	제목 제▲	知	알 지	出	날 출	品	물건 품	惠	은혜 혜▲
製	지을 제▲	地	땅 지	忠	충성 충▲	風	바람 풍	戶	지게 호
齊	가지런할 제	志	뜻 지	蟲	벌레 충	豊	풍성할 풍	虎	범 호
早	일찍 조▲	至	이를 지	致	이를 치▲	皮	가죽 피	號	부르짖을 호▲
鳥	새 조	紙	종이 지	齒	이 치	必	반드시 필	湖	호수 호▲
朝	아침 조	直	곧을 직	則	법칙 칙	筆	붓 필	火	불 화
助	도울 조▲	辰	별 진		곧 즉	ㅎ		化	될 화
祖	할아비 조	眞	참 진▲	親	어버이 친	下	아래 하	花	꽃 화
爪	손톱 조	進	나아갈 진▲	七	일곱 칠	夏	여름 하	和	화목할 화
足	발 족	ㅊ		ㅌ		學	배울 학	話	말할 화
族	겨레 족	次	버금 차▲	他	다를 타▲	寒	찰 한▲	畫	그림 화▲
卒	군사 졸▲	着	붙을 착	打	칠 타▲	限	한정할 한▲		그을 획
宗	마루 종	察	살필 찰	太	클 태	韓	나라이름 한	禾	벼 화
終	마칠 종▲	窓	창문 창▲	宅	집 택▲	漢	한수 한	活	살 활
左	왼쪽 좌	倉	곳집 창		집 댁	合	합할 합	黃	누를 황
罪	허물 죄▲	責	꾸짖을 책	土	흙 토	海	바다 해	回	돌아올 회▲
主	주인 주	處	곳 처▲	通	통할 통	亥	돼지 해▲	會	모일 회
住	살 주	千	일천 천	統	거느릴 통▲	行	다닐 행	孝	효도 효
朱	붉을 주	天	하늘 천	特	특별할 특▲		항렬 항	後	뒤 후
宙	집 주	川	내 천	ㅍ		幸	다행 행	訓	가르칠 훈
走	달릴 주	鐵	쇠 철▲	波	물결 파▲	向	향할 향	休	쉴 휴
晝	낮 주	靑	푸를 청	八	여덟 팔	香	향기 향	黑	검을 흑

5급 급수한자

年　　月　　日　　　　　　※ 획수는 총획수를 나타냄

案					競				
책상안 木10획					다툴경 立20획				
件					技				
사건건 人 6획					재주기 扌7획				
協					選				
도울협 十 8획					가릴선 辶16획				
助					擧				
도울조 力 7획					들 거 手18획				
經					貧				
지낼경 糸13획					가난할빈 貝11획				
歷					富				
지낼력 止16획					부자부 宀12획				
減					功				
덜 감 氵12획					공 공 力 5획				
量					過				
헤아릴량 里12획					허물과 辶13획				
恩					精				
은혜은 心10획					자세할정 米14획				
惠					誠				
은혜혜 心12획					정성성 言14획				
善					具				
착할선 口12획					갖출구 八 8획				
惡					備				
악할악 心12획					갖출비 人12획				

▶ 글씨는 정자로 바르게 씁시다.

年　　月　　日　　　　　　　　　　　　　　　　　　　　　　　※ 획수는 총획수를 나타냄

製					結					
지을제 衣14획					맺을결 糸12획					
鐵					果					
쇠 철 金21획					과실과 木 8획					
最					極					
가장최 曰12획					다할극 木13획					
終					限					
마칠종 糸11획					한정한 阝9획					
增					寒					
더할증 土15획					찰 한 宀12획					
進					波					
나아갈진 辶12획					물결파 氵8획					
武					課					
굳셀무 止 8획					매길과 言15획					
將					題					
장수장 寸11획					제목제 頁18획					
賣					兩					
팔 매 貝15획					두 량 入 8획					
買					端					
살 매 貝12획					끝 단 立14획					
規					景					
법 규 見11획					경치경 日12획					
格					觀					
격식격 木10획					볼 관 見25획					

▶ 글씨는 정자로 바르게 씁시다.

年　　月　　日　　　　　　　　　　　　　　　　　　　　　　　　　※ 획수는 총획수를 나타냄

待 기다릴대 彳9획					醫 병고칠의 酉18획				
期 때 기 月12획					師 스승사 巾10획				
思 생각사 心9획					練 익힐련 糸15획				
料 헤아릴료 斗10획					習 익힐습 羽11획				
熱 더울열 灬15획					眞 참 진 目10획				
戰 싸울전 戈16획					實 열매실 宀14획				
謝 사례할사 言17획					佛 부처불 人7획				
罪 허물죄 网13획					畵 그림화 田13획				
陰 그늘음 阝11획					廣 넓을광 广15획				
陽 볕 양 阝12획					野 들 야 里11획				
獨 홀로독 犭16획					眼 눈 안 目11획				
島 섬 도 山10획					藥 약 약 艹19획				

▶ 글씨는 정자로 바르게 씁시다.

年　　月　　日　　　　　　　　　　　　　　　　　　　　　　　　　※ 획수는 총획수를 나타냄

餘					移				
남을여 食16획					옮길이 禾11획				
望					監				
바랄망 月11획					볼 감 皿14획				
松					領				
소나무송 木 8획					거느릴령 頁14획				
葉					官				
잎 엽 艹13획					벼슬관 宀 8획				
傳					順				
전할전 人13획					순할순 頁12획				
說					次				
말씀설 言14획					버금차 欠 6획				
冷					私				
찰 랭 冫 7획					사사로울사 禾 7획				
房					談				
방 방 戶 8획					이야기담 言15획				
念					特				
생각념 心 8획					특별할특 牛10획				
願					許				
바랄원 頁19획					허락할허 言11획				
園					檢				
동산원 囗13획					검사할검 木17획				
藝					視				
재주예 艹19획					볼 시 見12획				

▶ 글씨는 정자로 바르게 씁시다.

年　　月　　日　　　　　　　　　　　　　　　　　　　　　　　※ 획수는 총획수를 나타냄

喪					陸				
죽을상	口12획				뭍 륙	阝11획			
祭					橋				
제사제	示11획				다리교	木16획			
容					處				
모양용	宀10획				곳 처	虍11획			
易					決				
쉬울이	日 8획				결단할결	氵 7획			
給					義				
줄 급	糸12획				옳을의	羊13획			
養					婦				
기를양	食15획				며느리부	女11획			
星					政				
별 성	日 9획				정사정	攵 8획			
霜					客				
서리상	雨17획				나그네객	宀 9획			
暗					氷				
어두울암	日13획				얼음빙	水 5획			
雲					雪				
구름운	雨12획				눈 설	雨11획			
仁					貴				
어질인	人 4획				귀할귀	貝12획			
者					宅				
사람자	耂 9획				집 댁	宀 6획			

▶ 글씨는 정자로 바르게 씁시다.

年　月　日　　　　　　　　　　　　　　　　　　　　　　　　※ 획수는 총획수를 나타냄

施					健				
베풀 시　方 9획					굳셀 건　人 11획				
賞					敬				
상줄 상　貝 15획					공경 경　攵 13획				
聖					輕				
성인 성　耳 13획					가벼울 경　車 14획				
雄					固				
수컷 웅　隹 12획					굳을 고　口 8획				
敗					故				
패할 패　攵 11획					예 고　攵 9획				
卒					共				
군사 졸　十 8획					함께 공　八 6획				
變					救				
변할 변　言 23획					구원할 구　攵 11획				
聲					郡				
소리 성　耳 17획					고을 군　阝 10획				
渴					禁				
목마를 갈　氵 12획					금할 금　示 13획				
個					器				
낱 개　人 10획					그릇 기　口 16획				
改					單				
고칠 개　攵 7획					홑 단　口 12획				
建					丹				
세울 건　廴 9획					붉을 단　丶 4획				

▶ 글씨는 정자로 바르게 씁시다.

年　　月　　日　　　　　　　　　　　　　　　　　　　　　　　　　　　　　※ 획수는 총획수를 나타냄

但					尚				
다만단	人 7획				높을상	小 8획			
都					仙				
도읍도	阝12획				신선선	人 5획			
旅					城				
나그네려	方10획				재 성	土10획			
綠					盛				
푸를록	糸14획				성할성	皿12획			
滿					勢				
가득할만	氵14획				형세세	力13획			
勉					歲				
힘쓸면	力 9획				해 세	止13획			
味					細				
맛 미	口 8획				가늘세	糸11획			
飯					俗				
밥 반	食13획				풍속속	人 9획			
放					送				
놓을방	攵 8획				보낼송	辶10획			
保					是				
지킬보	人 9획				옳을시	日 9획			
報					試				
알릴보	土12획				시험시	言13획			
仕					識				
벼슬사	人 5획				알 식	言19획			

▶ 글씨는 정자로 바르게 씁시다.

年　　月　　日　　　　　　　　　　　　　　　　　　　　　　　※ 획수는 총획수를 나타냄

漁					敵				
고기잡을어 氵14획					원수적 攵15획				
億					展				
억 억 人15획					펼 전 尸10획				
如					接				
같을여 女 6획					사귈접 扌11획				
屋					停				
집 옥 尸 9획					머무를정 人11획				
往					早				
갈 왕 彳 8획					일찍조 日 6획				
浴					曾				
목욕할욕 氵10획					일찍증 曰12획				
爲					窓				
될 위 爪12획					창 창 穴11획				
以					祝				
써 이 人 5획					빌 축 示10획				
因					忠				
까닭인 口 6획					충성충 心 8획				
章					致				
글 장 立11획					이를치 至10획				
低					他				
낮을저 人 7획					다를타 人 5획				
貯					打				
쌓을저 貝12획					칠 타 扌 5획				

▶ 글씨는 정자로 바르게 씁시다.

年　　月　　日　　　　　　　　　　　　　　　　　　　※ 획수는 총획수를 나타냄

使					亥				
하여금사 人 8획					돼지해 亠 6획				
察					湖				
살필찰 宀 14획					호수호 氵 12획				
統					號				
합할통 糸 12획					이름호 虍 13획				
閉					回				
닫을폐 門 11획					돌아올회 口 6획				

▶ 글씨는 정자로 바르게 씁시다.

■ 다음 한자의 훈음을 써봅시다. (7~10쪽을 참고 하시오.)

본보기 : 父 (아버지 부)

渴( )	固( )	器( )	領( )	佛( )
減( )	故( )	技( )	綠( )	備( )
監( )	共( )	期( )	料( )	貧( )
個( )	功( )	念( )	陸( )	氷( )
改( )	過( )	單( )	滿( )	仕( )
客( )	果( )	丹( )	望( )	私( )
擧( )	課( )	但( )	賣( )	師( )
件( )	觀( )	端( )	買( )	思( )
建( )	官( )	談( )	勉( )	使( )
健( )	廣( )	待( )	武( )	謝( )
檢( )	橋( )	島( )	味( )	賞( )
格( )	救( )	都( )	飯( )	尙( )
決( )	具( )	獨( )	放( )	喪( )
結( )	郡( )	冷( )	房( )	霜( )
敬( )	貴( )	量( )	變( )	仙( )
輕( )	規( )	兩( )	保( )	善( )
景( )	極( )	旅( )	報( )	選( )
經( )	禁( )	歷( )	婦( )	雪( )
競( )	給( )	練( )	富( )	說( )

城( )	案( )	願( )	停( )	祝( )
星( )	眼( )	園( )	政( )	忠( )
盛( )	暗( )	爲( )	精( )	致( )
聖( )	野( )	恩( )	祭( )	他( )
聲( )	藥( )	陰( )	製( )	打( )
誠( )	養( )	醫( )	題( )	宅( )
勢( )	陽( )	義( )	助( )	統( )
歲( )	漁( )	移( )	早( )	特( )
細( )	億( )	以( )	卒( )	波( )
俗( )	如( )	仁( )	終( )	敗( )
送( )	餘( )	因( )	罪( )	閉( )
松( )	易( )	者( )	曾( )	寒( )
順( )	熱( )	將( )	增( )	限( )
習( )	葉( )	章( )	進( )	亥( )
施( )	藝( )	低( )	眞( )	許( )
是( )	屋( )	貯( )	次( )	協( )
視( )	往( )	敵( )	察( )	惠( )
試( )	浴( )	戰( )	窓( )	湖( )
識( )	容( )	展( )	處( )	號( )
實( )	雲( )	傳( )	鐵( )	畵( )
惡( )	雄( )	接( )	最( )	回( )

■ 다음의 훈음에 한자를 써봅시다. (7~10쪽을 참고 하시오.)

본보기 : 어머니 모 (母)

목마를갈( )	예 고( )	기약할기( )	거느릴령( )	부처 불( )
덜 감( )	굳을 고( )	재주 기( )	푸를 록( )	갖출 비( )
살필 감( )	공 공( )	그릇 기( )	헤아릴료( )	가난할빈( )
고칠 개( )	함께 공( )	생각 념( )	뭍 륙( )	얼음 빙( )
낱 개( )	과실 과( )	붉을 단( )	찰 만( )	벼슬할사( )
손님 객( )	매길 과( )	다만 단( )	바랄 망( )	부릴 사( )
들 거( )	지날 과( )	홑 단( )	살 매( )	사례할사( )
세울 건( )	벼슬 관( )	끝 단( )	팔 매( )	스승 사( )
물건 건( )	볼 관( )	말씀 담( )	힘쓸 면( )	사사로울사( )
굳셀 건( )	넓을 광( )	기다릴대( )	굳셀 무( )	생각 사( )
검사할검( )	다리 교( )	섬 도( )	맛 미( )	오히려상( )
격식 격( )	구원할구( )	도읍 도( )	밥 반( )	상줄 상( )
결단할결( )	갖출 구( )	홀로 독( )	방 방( )	서리 상( )
맺을 결( )	고을 군( )	찰 랭( )	놓을 방( )	죽을 상( )
볕 경( )	귀할 귀( )	두 량( )	변할 변( )	신선 선( )
가벼울경( )	법 규( )	헤아릴량( )	보전할보( )	착할 선( )
지날 경( )	다할 극( )	나그네려( )	갚을 보( )	가릴 선( )
공경할경( )	금할 금( )	지낼 력( )	부자 부( )	눈 설( )
다툴 경( )	줄 급( )	익힐 련( )	아내 부( )	말씀 설( )

재 성( )	책상 안( )	바랄 원( )	머무를정( )	빌 축( )
정성 성( )	눈 안( )	동산 원( )	정사 정( )	충성 충( )
성할 성( )	어두울암( )	할 위( )	자세할정( )	이를 치( )
별 성( )	들 야( )	은혜 은( )	제사 제( )	다를 타( )
성인 성( )	약 약( )	그늘 음( )	제목 제( )	칠 타( )
소리 성( )	기를 양( )	옳을 의( )	지을 제( )	집 택( )
가늘 세( )	볕 양( )	병고칠의( )	일찍 조( )	거느릴통( )
권세 세( )	고기잡을어( )	써 이( )	도울 조( )	특별할특( )
해 세( )	억 억( )	옮길 이( )	군사 졸( )	물결 파( )
풍속 속( )	남을 여( )	어질 인( )	마칠 종( )	패할 패( )
소나무송( )	같을 여( )	인할 인( )	허물 죄( )	닫을 폐( )
보낼 송( )	바꿀 역( )	사람 자( )	일찍 증( )	찰 한( )
순할 순( )	더울 열( )	글 장( )	더할 증( )	한정할한( )
익힐 습( )	잎 엽( )	장수 장( )	참 진( )	돼지 해( )
이 시( )	재주 예( )	쌓을 저( )	나아갈진( )	허락할허( )
볼 시( )	집 옥( )	낮을 저( )	버금 차( )	도울 협( )
베풀 시( )	갈 왕( )	원수 적( )	살필 찰( )	은혜 혜( )
시험할시( )	목욕할욕( )	펼 전( )	창문 창( )	부르짖을호( )
알 식( )	얼굴 용( )	싸울 전( )	곳 처( )	호수 호( )
열매 실( )	구름 운( )	전할 전( )	쇠 철( )	그림 화( )
악할 악( )	수컷 웅( )	이을 접( )	가장 최( )	돌아올회( )

■ 다음 단어의 독음을 (   ) 안에 써봅시다.

본보기 : 父母 (부모) 아버지와 어머니

① 渴望(   ) 간절히 바람.
② 監視(   ) 잘못되는 일이 있을까 늘 보살핌.
③ 擧事(   ) 일을 일으킴.
④ 建物(   ) 집 따위에 세운 물건.
⑤ 格言(   ) 사리에 맞아 교훈이 될 만한 짧은 말.
⑥ 決死(   ) 죽기를 각오하여 결심함.
⑦ 經歷(   ) 겪어 지내온 일들.
⑧ 敬老(   ) 노인을 공경함.
⑨ 輕視(   ) 가볍게 여김.
⑩ 競爭(   ) 서로 겨루어 다툼.
⑪ 固定(   ) 한곳에 꽉 자리잡아 바뀌지 않음.
⑫ 共同(   ) 여러 사람이 일을 같이 함.
⑬ 過去(   ) 이미 지나간 때.
⑭ 果然(   ) 알고 보니 정말.
⑮ 觀客(   ) 구경꾼.
⑯ 具色(   ) 여러 가지 물건을 골고루 갖춤.
⑰ 禁物(   ) 마땅히 해서는 안 될 어떤 행동.
⑱ 給食(   ) 식사를 제공함.
⑲ 器具(   ) 그릇. 세간.
⑳ 冷氣(   ) 찬 기운.
㉑ 綠色(   ) 푸른색과 누른 색의 중간색.

㉒ 單番(   ) 단 한번.
㉓ 端午(   ) 음력 오월 초닷샛날의 명절.
㉔ 代案(   ) 대체되는 안건.
㉕ 德望(   ) 덕이 높고 인망이 있음.
㉖ 獨走(   ) 혼자 달림.
㉗ 滿開(   ) 꽃이 한꺼번에 활짝 핌.
㉘ 勉學(   ) 학업에 힘씀.
㉙ 半島(   ) 삼면이 둘러 쌓인 땅.
㉚ 放流(   ) 흘려 보냄.
㉛ 報答(   ) 남의 두터운 뜻을 갚음.
㉜ 富强(   ) 나라가 부하고 강함.
㉝ 貧弱(   ) 보잘 것 없음.
㉞ 謝過(   ) 잘못에 대한 용서를 빌음.
㉟ 使用(   ) 물건을 씀.
㊱ 善良(   ) 착하고 어질음.
㊲ 選定(   ) 골라서 정함.
㊳ 聖經(   ) 종교의 최고 법전이 되는 책.
㊴ 聲量(   ) 목소리의 크기와 양.
㊵ 誠意(   ) 정성스러운 뜻.
㊶ 勢道(   ) 정치상의 권세.
㊷ 習性(   ) 버릇이 되어 버린 성질.

㊸ 是正(　　　　) 그릇된 것을 바로 잡음.

㊹ 識見(　　　　) 사물을 관찰하고 식별하는 능력.

㊺ 惡德(　　　　) 나쁜 마음씨.

㊻ 兩面(　　　　) 앞면과 뒷면.

㊼ 練習(　　　　) 자꾸 되풀이하여 익힘.

㊽ 念頭(　　　　) 생각의 시작.

㊾ 往來(　　　　) 가고 옴.

㊿ 雄志(　　　　) 웅장한 뜻.

(51) 移植(　　　　) 옮겨서 심음.

(52) 以外(　　　　) 이 밖. 그 밖.

(53) 展開(　　　　) 펴서 벌림.

(54) 傳說(　　　　) 예전부터 전하여 오는 이야기.

(55) 停車(　　　　) 차를 멈춤.

(56) 題目(　　　　) 책 겉에 쓰는 책의 이름.

(57) 朝飯(　　　　) 아침 밥.

(58) 進步(　　　　) 차차 발달하여 나감.

(59) 眞談(　　　　) 진정에서 나온 말.

(60) 處世(　　　　) 이 세상에서 살아감.

(61) 祝福(　　　　) 앞날의 행복을 빌음.

(62) 致誠(　　　　) 있는 정성을 다함.

(63) 宅地(　　　　) 집터.

(64) 敗北(　　　　) 싸움에 짐.

(65) 許容(　　　　) 허락함.

(66) 協助(　　　　) 서로 협력하여 도움.

(67) 號數(　　　　) 번호의 수효.

(68) 畵筆(　　　　) 그림을 그리는 데 쓰이는 붓.

(69) 回線(　　　　) 연결한 선.

(70) 細心(　　　　) 꼼꼼하게 주의하는 마음.

(71) 俗談(　　　　) 세상에 흔히 돌아다니는 알기 쉬운 격언.

(72) 送年(　　　　) 한 해를 보냄.

(73) 順番(　　　　) 차례대로 갈아드는 순서.

(74) 視界(　　　　) 시력이 미치는 범위.

(75) 試圖(　　　　) 하여 봄.

(76) 施政(　　　　) 정치를 행함.

(77) 實感(　　　　) 실물에 접할 때 일어나는 생생한 느낌

(78) 眼目(　　　　) 사물을 분별하는 힘.

(79) 野望(　　　　) 남몰래 품고 있는 큰 희망.

(80) 養分(　　　　) 영양이 되는 성분.

(81) 歷代(　　　　) 차례차례 서로 전해 내려오는 대

(82) 領海(　　　　) 그 연안국의 통치권 안에 있는 바다

(83) 料理(　　　　) 맛있는 음식을 만듦.

(84) 陸路(　　　　) 육지의 길.

(85) 漁夫(　　　　) 고기 잡는 사람.

(86) 業者(　　　　) 그 사업을 직접 경영하는 사람.

(87) 餘念(　　　　) 다른 생각.

(88) 熱誠(　　　　) 열렬한 정성.

(89) 藝能(　　　　) 어떤 재주에 능함.

■ 다음의 단어를 (   ) 안에 한자로 써봅시다.

본보기 : 부모 (父母) 아버지와 어머니

① 갈망(   ) 간절히 바람.

② 감시(   ) 잘못되는 일이 있을까 늘 보살핌.

③ 거사(   ) 일을 일으킴.

④ 건물(   ) 집 따위에 세운 물건.

⑤ 격언(   ) 사리에 맞아 교훈이 될 만한 짧은 말.

⑥ 결사(   ) 죽기를 각오하여 결심함.

⑦ 경력(   ) 겪어 지내온 일들.

⑧ 경로(   ) 노인을 공경함.

⑨ 경시(   ) 가볍게 여김.

⑩ 경쟁(   ) 서로 겨루어 다툼.

⑪ 고정(   ) 한곳에 꽉 자리잡아 바뀌지 않음.

⑫ 공동(   ) 여러 사람이 일을 같이 함.

⑬ 과거(   ) 이미 지나간 때.

⑭ 과연(   ) 알고 보니 정말.

⑮ 관객(   ) 구경꾼.

⑯ 구색(   ) 여러 가지 물건을 골고루 갖춤.

⑰ 금물(   ) 마땅히 해서는 안 될 어떤 행동.

⑱ 급식(   ) 식사를 제공함.

⑲ 기구(   ) 그릇. 세간.

⑳ 냉기(   ) 찬 기운.

㉑ 녹색(   ) 푸른색과 누른 색의 중간색.

㉒ 단번(   ) 단 한번.

㉓ 단오(   ) 음력 오월 초닷샛날의 명절.

㉔ 대안(   ) 대체되는 안건.

㉕ 덕망(   ) 덕이 높고 인망이 있음.

㉖ 독주(   ) 혼자 달림.

㉗ 만개(   ) 꽃이 한꺼번에 활짝 핌.

㉘ 면학(   ) 학업에 힘씀.

㉙ 반도(   ) 삼면이 둘러 쌓인 땅.

㉚ 방류(   ) 흘려 보냄.

㉛ 보답(   ) 남의 두터운 뜻을 갚음.

㉜ 부강(   ) 나라가 부하고 강함.

㉝ 빈약(   ) 보잘 것 없음.

㉞ 사과(   ) 잘못에 대한 용서를 빌음.

㉟ 사용(   ) 물건을 씀.

㊱ 선량(   ) 착하고 어질음.

㊲ 선정(   ) 골라서 정함.

㊳ 성경(   ) 종교의 최고 법전이 되는 책.

㊴ 성량(   ) 목소리의 크기와 양.

㊵ 성의(   ) 정성스러운 뜻.

㊶ 세도(   ) 정치상의 권세.

㊷ 습성(   ) 버릇이 되어 버린 성질.

㊸ 시정(   ) 그릇된 것을 바로 잡음.

㊹ 식견(   ) 사물을 관찰하고 식별하는 능력.

㊺ 악덕(   ) 나쁜 마음씨.

㊻ 양면(   ) 앞면과 뒷면.

㊼ 연습(   ) 자꾸 되풀이하여 익힘.

㊽ 염두(   ) 생각의 시작.

㊾ 왕내(   ) 가고 옴.

㊿ 웅지(   ) 웅장한 뜻.

(51) 이식(   ) 옮겨서 심음.

(52) 이외(   ) 이 밖. 그 밖.

(53) 전개(   ) 펴서 벌림.

(54) 전설(   ) 예전부터 전하여 오는 이야기.

(55) 정거(   ) 차를 멈춤.

(56) 제목(   ) 책 겉에 쓰는 책의 이름.

(57) 조반(   ) 아침 밥.

(58) 진보(   ) 차차 발달하여 나감.

(59) 진담(   ) 진정에서 나온 말.

(60) 처세(   ) 이 세상에서 살아감.

(61) 축복(   ) 앞날의 행복을 빌음.

(62) 치성(   ) 있는 정성을 다함.

(63) 택지(   ) 집터.

(64) 패배(   ) 싸움에 짐.

(65) 허용(   ) 허락함.

(66) 협조(   ) 서로 협력하여 도움.

(67) 호수(   ) 번호의 수효.

(68) 화필(   ) 그림을 그리는 데 쓰이는 붓.

(69) 회선(   ) 연결한 선.

(70) 세심(   ) 꼼꼼하게 주의하는 마음.

(71) 속담(   ) 세상에 흔히 돌아다니는 알기 쉬운 격언.

(72) 송년(   ) 한 해를 보냄.

(73) 순번(   ) 차례대로 갈아드는 순서.

(74) 시계(   ) 시력이 미치는 범위.

(75) 시도(   ) 하여 봄.

(76) 시정(   ) 정치를 행함.

(77) 실감(   ) 실물에 접할 때 일어나는 생생한 느낌.

(78) 안목(   ) 사물을 분별하는 힘.

(79) 야망(   ) 남몰래 품고 있는 큰 희망.

(80) 양분(   ) 영양이 되는 성분.

(81) 역대(   ) 차례차례 서로 전해 내려오는 대.

(82) 영해(   ) 그 연안국의 통치권 안에 있는 바다.

(83) 요리(   ) 맛있는 음식을 만듦.

(84) 육로(   ) 육지의 길.

(85) 어부(   ) 고기 잡는 사람.

(86) 업자(   ) 그 사업을 직접 경영하는 사람.

(87) 여념(   ) 다른 생각.

(88) 열성(   ) 열렬한 정성.

(89) 예능(   ) 어떤 재주에 능함.

■ 다음의 고사성어(사자논술)의 독음을 (   )안에 써봅시다.

① 甘言利說(   )
- 남의 비위에 맞도록 달콤한 말과 이로운 조건을 내세워 꾀는 말.

② 犬馬之誠(   )
- 자기의 정성을 겸손하게 일컫는 말

③ 結草報恩(   )
- 죽어 혼령이 되어도 은혜를 잊지 않고 갚는다는 뜻.

④ 單刀直入(   )
- 혼자서 칼을 휘두르고 거침없이 적진으로 쳐들어 감.

⑤ 讀書亡羊(   )
- 다른 일에 정신을 뺏겨 중요한 일을 소홀히 함.

⑥ 馬耳東風(   )
- 남의 말을 귀담아 듣지 않고 곧 흘려 버림을 이르는 말.

⑦ 本然之性(   )
- 사람이 본디부터 타고난 심성.

⑧ 先見之明(   )
- 일을 미리 짐작하는 밝은 지혜.

⑨ 雪上加霜(   )
- 불행이 엎친 데 덮쳐 일어남.

⑩ 水魚之交(   )
- 아주 친밀하여 떨어질 수 없는 사이.

⑪ 眼下無人(   )
- 사람을 업신여기고 교만함.

⑫ 良藥苦口(   )
- 효험이 좋은 약은 입에 쓰다.

⑬ 漁夫之利(   )
- 쌍방이 다투는 틈을 타서 제삼자가 애쓰지 않고 가로챈 이득.

⑭ 語不成說(   )
- 말이 조금도 조리가 닿지 않음.

⑮ 言中有骨(   )
- 예사로운 말 가운데 단단한 뜻이 들어 있다는 말.

⑯ 易地思之(   )
- 처지를 바꾸어서 생각함.

⑰ 牛耳讀經(   )
- 아무리 가르치고 일러주어도 알아듣지 못한다는 뜻.

⑱ 有口無言(   )
- 변명이나 항변할 말이 없음.

⑲ 日進月步(   )
- 날로 달로 끊임없이 진보 발전함의 뜻.

⑳ 正經大原(   )
- 바른 길과 큰 원칙을 뜻하는 말.

㉑ 鳥足之血(   )
- 새 발의 피라고도 하며 극히 적은 분량의 비유에 쓰이는 말.

㉒ 他山之石(   )
- 남의 하찮은 언행도 제 품성을 높이는 교훈으로 삼음.

■ 다음 고사성어(사자논술)를 (   )안에 한자로 써봅시다.

① 감언이설 (甘言利說)
- 남의 비위에 맞도록 달콤한 말과 이로운 조건을 내세워 꾀는 말.

② 견마지성 (犬馬之誠)
- 자기의 정성을 겸손하게 일컫는 말

③ 결초보은 (結草報恩)
- 죽어 혼령이 되어도 은혜를 잊지 않고 갚는다는 뜻.

④ 단도직입 (單刀直入)
- 혼자서 칼을 휘두르고 거침없이 적진으로 쳐들어 감.

⑤ 독서망양 (讀書亡羊)
- 다른 일에 정신을 뺏겨 중요한 일을 소홀히 함.

⑥ 마이동풍 (馬耳東風)
- 남의 말을 귀담아 듣지 않고 곧 흘려 버림을 이르는 말.

⑦ 본연지성 (本然之性)
- 사람이 본디부터 타고난 심성.

⑧ 선견지명 (先見之明)
- 일을 미리 짐작하는 밝은 지혜.

⑨ 설상가상 (雪上加霜)
- 불행이 엎친 데 덮쳐 일어남.

⑩ 수어지교 (水魚之交)
- 아주 친밀하여 떨어질 수 없는 사이.

⑪ 안하무인 (眼下無人)
- 사람을 업신여기고 교만함.

⑫ 양약고구 (良藥苦口)
- 효험이 좋은 약은 입에 쓰다.

⑬ 어부지리 (漁夫之利)
- 쌍방이 다투는 틈을 타서 제삼자가 애쓰지 않고 가로챈 이득.

⑭ 어불성설 (語不成說)
- 말이 조금도 조리가 닿지 않음.

⑮ 언중유골 (言中有骨)
- 예사로운 말 가운데 단단한 뜻이 들어 있다는 말.

⑯ 역지사지 (易地思之)
- 처지를 바꾸어서 생각함.

⑰ 우이독경 (牛耳讀經)
- 아무리 가르치고 일러주어도 알아듣지 못한다는 뜻.

⑱ 유구무언 (有口無言)
- 변명이나 항변할 말이 없음.

⑲ 일진월보 (日進月步)
- 날로 달로 끊임없이 진보 발전함의 뜻.

⑳ 정경대원 (正經大原)
- 바른 길과 큰 원칙을 뜻하는 말.

㉑ 조족지혈 (鳥足之血)
- 새 발의 피라고도 하며 극히 적은 분량의 비유에 쓰이는 말.

㉒ 타산지석 (他山之石)
- 남의 하찮은 언행도 제 품성을 높이는 교훈으로 삼음.

5급 기출문제 1회

대한민국한자자격검정시험   성명 (   )   점수   점

가. 다음 한자어의 독음을 쓰시오.

보기 : 孝道 (효도)

1) 九月(   )   11) 念願(   )
2) 松葉(   )   12) 詩人(   )
3) 檢視(   )   13) 良藥(   )
4) 共用(   )   14) 單線(   )
5) 五感(   )   15) 陰陽(   )
6) 英語(   )   16) 近方(   )
7) 特許(   )   17) 立春(   )
8) 移監(   )   18) 小說(   )
9) 順次(   )   19) 部首(   )
10) 園藝(   ) 20) 宇宙(   )

나. 다음 한자의 뜻이 상대되는 한자를 쓰시오.

보기 : 上 ↔ (下)

21)   師   ↔   (   )
22)   主   ↔   (   )

다. 다음 한자의 뜻이 비슷한 한자를 쓰시오.

보기 : 道 ↔ (路)

23)   恩   ↔   (   )
24)   終   ↔   (   )

라. 다음의 한자의 부수와 총 획수를 쓰시오.

보기 : 孝 : (子부, 7획)

25)   末   :   부,   획
26)   使   :   부,   획

마. 다음 한자의 훈음을 쓰시오.

보기 : 孝 (효도 효)

27) 協 (   )   37) 變 (   )
28) 助 (   )   38) 視 (   )
29) 星 (   )   39) 房 (   )
30) 最 (   )   40) 是 (   )
31) 善 (   )   41) 說 (   )
32) 惡 (   )   42) 冷 (   )
33) 恩 (   )   43) 餘 (   )
34) 惠 (   )   44) 貧 (   )
35) 公 (   )   45) 量 (   )
36) 野 (   )   46) 減 (   )

바. 다음의 단어를 한자로 바꿔 쓰시오.

참고 : 希望.德望.郡民.建物.端午.傳說

47) 전설:예부터 내려오는 이야기(   )
48) 덕망:덕이 높고 인망이 있음 (   )
49) 건물:집 따위 등 세운 물건 (   )
50) 단오:음력 오월 초닷샛날의 명절(   )
51) 군민:그 고을에 사는 사람들 (   )

사. 다음 한자어를 우리글로 쓰시오.

참고; 운지.각언.회선.격언.급식.회식.

52) 格言 (   )
53) 回線 (   )
54) 給食 (   )
55) 雄志 (   )

아. 다음 밑줄친 한자의 독음을 쓰시오.

보기 : 부모님께 **孝道**를 하자.
(효도)

56) 내 친구는 미국으로 <u>移民</u>을 간다.
(   )

57) 황사 때문에 <u>窓門</u>을 열어 둘 수가 없다.
(   )

58) 서로 <u>協助</u>해서 작품을 완성하여라.
(   )

59) <u>旅行</u>은 삶을 활력 있게 해준다.
(   )

60) <u>物心兩面</u>으로 도와주셔서 감사합니다.
(   )

61) <u>末端</u>에서부터 개혁이 일어나고 있다.
(   )

62) 오늘은 <u>給料</u>를 타는 날이라 외식했다.
(   )

63) 야간 행군 때는 <u>北極星</u>을 보고 가라.
(   )

64) 운전자는 횡단보도 <u>停止線</u>을 지켜야 한다.
(   )

65) <u>日本文化</u>가 빠르게 개방되었다.
(   )

자. 다음 물음에 알맞는 답을 쓰시오.

66) 다음 한자의 음과 훈을 쓰시오.
① 小 (   ) ② 少 (   )

67) 다음 한자의 음과 훈을 쓰시오.
① 時 (   ) ② 詩 (   )

68) 歲의 부수로 맞는 것은? (   )
① 止   ② 厂   ③ 戈   ④ 少

차. 다음의 뜻에 알맞는 한자성어를 쓰시오.

69) 풀을 엮어서 은혜를 갚는다는 뜻으로 죽어서도 잊지 않고 은혜를 갚는다는 말.
(結)(   )(報)(   )

70) 자기의 정성을 겸손하게 일컫는 말.
(   )(馬)(   )(勞)

카. 다음 훈음에 맞는 한자를 쓰시오.

보기 : 효도 효 (孝)

71) 할   위(   ) 81) 쉬울 이(   )
72) 뒤   후(   ) 82) 격식 격(   )
73) 성할   성(   ) 83) 지낼 경(   )
74) 터   기(   ) 84) 다만 단(   )
75) 낮을   저(   ) 85) 가벼울경(   )
76) 흐를   류(   ) 86) 함께 공(   )
77) 거느릴통(   ) 87) 구원할구(   )
78) 때   부(   ) 88) 알   식(   )
79) 같을   여(   ) 89) 써   이(   )
80) 법칙   칙(   ) 90) 이를 치(   )

타. 다음 밑줄친 단어를 한자로 고쳐 쓰시오.

보기 : 부모님께 **효도**를 하자.
(孝道)

91) <u>경례</u>는 상대방을 공경하는 마음의 표현.
(   )

92) 그의 연주실력은 <u>자타</u>가 인정한다.
(   )

93) 언제 어디서고 <u>최선</u>을 다하자.
(   )

94) <u>음지</u>에는 아직도 눈이 녹지 않았다.
(   )

95) 외제 <u>물건</u>보다 국산이 더 좋게 만들어진다.
(   )

96) 아직도 지구 곳곳에서는 <u>전쟁</u>이 일어난다
(   )

97) <u>철교</u>를 건너면 할머니댁이 가까워진다.
(   )

98) 지리산 <u>설경</u>은 정말 멋있었다.
(   )

99) <u>하기방학</u>에는 한문을 열심히 해야지.
(   )

100) <u>부부</u>는 사랑하고 공경하는 것입니다.
(   )

5급 기출문제 2회

대한민국한자자격검정시험   성명 (   )   점수   점

가. 다음 한자어의 독음을 쓰시오.

보기 : 孝道 (효도)

1) 手巾 (   )　11) 戶數 (   )
2) 陰陽 (   )　12) 小說 (   )
3) 原因 (   )　13) 良藥 (   )
4) 立春 (   )　14) 單線 (   )
5) 宇宙 (   )　15) 課外 (   )
6) 英語 (   )　16) 近方 (   )
7) 便器 (   )　17) 共用 (   )
8) 若干 (   )　18) 詩人 (   )
9) 五感 (   )　19) 部首 (   )
10) 香辛料 (   )　20) 結果 (   )

나. 다음 한자의 뜻이 상대되는 한자를 쓰시오.

참고 : 上 ↔ (下) 弟. 第. 立. 客

21) 師 ↔ (   )
22) 主 ↔ (   )

다. 다음 한자의 뜻이 비슷한 한자를 쓰시오.

참고 : 道 ↔ (路) 思. 惠. 末. 未. 端

23) 恩 ↔ (   )
24) 終 ↔ (   )

라. 다음의 한자의 총 획수를 쓰시오.

참고 : 孝 : 7 획

25) 心 :   획
26) 正 :   획

마. 다음 한자의 훈음을 쓰시오.

보기 : 孝 (효도 효)

27) 野 (   )　37) 餘 (   )
28) 冷 (   )　38) 屋 (   )
29) 觀 (   )　39) 房 (   )
30) 最 (   )　40) 是 (   )
31) 貧 (   )　41) 私 (   )
32) 歷 (   )　42) 庭 (   )
33) 固 (   )　43) 變 (   )
34) 星 (   )　44) 鐵 (   )
35) 謝 (   )　45) 佛 (   )
36) 說 (   )　46) 視 (   )

바. 다음의 단어의 한자를 참고에서 찾아 번호를 쓰시오.

참고 : 효도 : 부모를 잘 섬기는 도리 (孝道)
(1 群民. 2.端午. 3.傳說. 4.建物. 5.德望)

47) 단오: 음력 오월 초닷샛날의 명절 (   )
48) 군민: 그 고을에 사는 사람들 (   )
49) 건물: 집 따위 등 세운 물건 (   )
50) 전설: 예부터 내려오는 이야기 (   )
51) 덕망: 덕이 높고 인망이 있음 (   )

사. 다음 한자어의 뜻을 쓰시오.

참고 : 孝道 (부모를 잘 섬기는 도리)
1.웅장한 뜻 2. 연결한선 3.식사를 제공함
4.교훈이되는 짧은글

52) 回線 (   )
53) 雄志 (   )
54) 格言 (   )
55) 給食 (   )

아. 다음 밑줄친 한자의 독음을 쓰시오.

> 보기 : 부모님께 **孝道**를 하자.
> (효도)

56) 우리는 <u>文化</u> 민족이다.
( )

57) 오늘은 <u>給料</u>를 타는 날이라 외식했다.
( )

58) 서로 <u>協助</u>해서 작품을 완성하여라.
( )

59) <u>旅行</u>은 삶을 활력있게 해준다.
( )

60) 내 친구는 미국으로 <u>移民</u>을 간다.
( )

61) <u>末端</u>에서부터 개혁이 일어나고 있다.
( )

62) 황사 때문에 <u>窓門</u>을 열어 둘 수가 없다.
( )

63) 야간 행군때는 <u>北極星</u>을 보고 가라.
( )

64) 운전자는 횡단보도 <u>停止線</u>을 지켜야 한다.
( )

65) <u>物心兩面</u>으로 도와주셔서 감사합니다.
( )

자. 다음 물음에 알맞은 답을 쓰시오.

66) 歲의 부수로 맞는 것은? ( )
① 止 ② 厂 ③ 戈 ④ 少

67) 다음 한자의 음과 훈을 쓰시오.
① 時 ( ) ② 詩 ( )

68) 畵의 음과 훈을 쓰시오.
①   ②

차. 다음의 한자성어를 한글로 쓰시오.

69) 일을 미리 짐작하는 밝은 지혜.
(先見之明) ( )

70) 자기의 정성을 겸손하게 일컫는 말.
(犬馬之勞) ( )

카. 다음 훈음에 맞는 한자를 쓰시오.

> 참고 : 효도 효 (孝)

71) 법칙 칙( ) 81) 써 이( )
72) 같을 여( ) 82) 함께 공( )
73) 알 식( ) 83) 지낼 경( )
74) 터 기( ) 84) 할 위( )
75) 낮을 저( ) 85) 가벼울경( )
76) 흐를 류( ) 86) 다만 단( )
77) 거느릴통( ) 87) 구원할구( )
78) 떼 부( ) 88) 성할 성( )
79) 뒤 후( ) 89) 쉬울 이( )
80) 격식 격( ) 90) 이를 치( )

타. 다음 밑줄친 단어를 한자로 고쳐 쓰시오.

> 참고 : <u>효도</u> (孝道)
> 天地. 五月. 物件. 戰爭. 陰地. 三月.
> 自他. 雪景. 放學. 最善.

91) <u>삼월</u>에는 입학식이 있다.( )

92) 눈이 오면 <u>천지</u>가 흰색이 된다.
( )

93) <u>오월</u>은 산과 들이 푸르다.
( )

94) <u>음지</u>에는 아직도 눈이 녹지 않았다.
( )

95) <u>경례</u>는 상대방을 공경하는 마음의 표현.
( )

96) 아직도 지구 곳곳에서는 <u>전쟁</u>이 일어난다.
( )

97) 그의 연주실력은 <u>자타</u>가 인정한다.
( )

98) 지리산 <u>설경</u>은 정말 멋있었다.( )

99) <u>하기방학</u>에는 한문을 열심히 해야지.
( )

100) 언제 어디서고 <u>최선</u>을 다하자.
( )

5급 기출문제 3회

대한민국한자자격검정시험   성명 (   )   점수   점

가. 다음 한자어의 독음을 쓰시오.

보기 : 孝道 (효도)

1) 回數(   )   11) 武器(   )
2) 輕視(   )   12) 筆房(   )
3) 先發(   )   13) 綠色(   )
4) 俗談(   )   14) 期間(   )
5) 精進(   )   15) 賣買(   )
6) 松林(   )   16) 氷山(   )
7) 牙聲(   )   17) 問題(   )
8) 風霜(   )   18) 丹朱(   )
9) 神仙(   )   19) 貧富(   )
10) 初喪(   )   20) 寒波(   )

나. 다음 한자의 뜻이 상대되는 한자를 쓰시오.

보기 : 上 ↔ (下)

21)   冷   ↔   (   )
22)   卒   ↔   (   )

다. 다음 한자의 뜻이 비슷한 한자를 쓰시오.

보기 : 道 ↔ (路)

23)   藝   ↔   (   )
24)   眼   ↔   (   )

라. 다음의 한자의 부수와 총 획수를 쓰시오

보기 : 孝 : (子부, 7획)

25)   醫   :   부,   획
26)   餘   :   부,   획

마. 다음 한자의 훈음을 쓰시오.

보기 : 孝 (효도 효)

27) 備 (   )   37) 視 (   )
28) 億 (   )   38) 決 (   )
29) 眞 (   )   39) 祝 (   )
30) 個 (   )   40) 浴 (   )
31) 運 (   )   41) 使 (   )
32) 故 (   )   42) 限 (   )
33) 結 (   )   43) 貴 (   )
34) 師 (   )   44) 閉 (   )
35) 島 (   )   45) 島 (   )
36) 施 (   )   46) 領 (   )

바. 다음의 단어를 한자로 바꿔 쓰시오.

보기 효도: 부모를 잘 섬기는 도리(孝道)

47) 성량 : 목소리의 크기와 양 (   )
48) 면학 : 학업에 힘씀   (   )
49) 세도 : 정치상의 권세 (   )
50) 근방 : 근처   (   )
51) 사과 : 잘못에 대한 용서를 빎(   )

사. 다음 한자어의 뜻을 쓰시오.

보기 : 孝道 (부모를 잘 섬기는 도리)

52) 果然 (   )
53) 報答 (   )
54) 課業 (   )
55) 滿開 (   )

아. 다음 밑줄친 한자의 독음을 쓰시오.

> 보기: 부모님께 <u>孝道</u>를 하자.
> (효도)

56) 우리 삼촌은 육군 <u>將校</u>로 복무중이다. (　　　)

57) <u>選擧</u>에서 누가 당선될지 예측하기 힘들다. (　　　)

58) 목련이 <u>滿開</u>하니 너무나 아름답다. (　　　)

59) 수학시간에 <u>對角線</u>에 대해서 배웠다. (　　　)

60) 양계장에서 <u>無精卵</u>을 사 가지고 오셨다 (　　　)

61) 갑자기 얼음이 필요해서 <u>急冷</u>시켰다. (　　　)

62) <u>兩親</u>이 다 계신다는 게 큰 행복입니다. (　　　)

63) 말로만 듣던 <u>萬里長城</u>에 다녀왔다. (　　　)

64) 단소 <u>練習</u>을 많이 했더니 조금 불어진다. (　　　)

65) 선생님과 함께 <u>展示場</u> 다녀왔다. (　　　)

자. 다음 물음에 알맞는 답을 쓰시오.

66) 宅의 음과 훈을 두 가지 쓰시오.
① 　　　　　② 　　

67) 다음 한자의 음과 훈을 쓰시오.
① 小 (　　　) ② 少 (　　　)

68) 聲의 부수로 맞는 것은?(　　)
① 耳　② 殳　③ 士　④ 巴

차. 다음의 뜻에 알맞은 한자성어를 쓰시오.

69) 날로 달로 끊임없이 진보 발전함의 뜻.
(日)(　　)(月)(　　)

70) 아무리 가르치고 일러주어도 알아듣지 못한다는 뜻.
(　　)(耳)(　　)(經)

카. 다음 훈음에 맞는 한자를 쓰시오.

> 보기 : 효도 효 (孝)

71) 자리 위(　) 81) 오얏 리(　)
72) 법칙 칙(　) 82) 알 지(　)
73) 검을 현(　) 83) 쉴 휴(　)
74) 이 치(　) 84) 코 비(　)
75) 맑을 청(　) 85) 범 호(　)
76) 심을 식(　) 86) 말이을이(　)
77) 완전할완(　) 87) 배 주(　)
78) 노래 가(　) 88) 가늘 세(　)
79) 장사 상(　) 89) 처음 초(　)
80) 일할 로(　) 90) 다행 행(　)

타. 다음 밑줄친 단어를 한자로 고쳐 쓰시오.

> 보기 : 부모님께 <u>효도</u>를 하자.
> (孝道)

91) 어머니께 <u>전화</u>를 드렸다. (　　　)

92) 문화센타에서 <u>교양</u> 강좌가 있다. (　　　)

93) 국제사회에서 <u>교역</u>은 중요하다. (　　　)

94) 우리는 회의에서 <u>결정</u>한 사항을 존중한다. (　　　)

95) 우리의 소언은 <u>통일</u>이다. (　　　)

96) 난 <u>가곡</u> 중에서 선구자를 안다. (　　　)

97) 육지와 떨어진 섬을 <u>낙도</u>라 한다. (　　　)

98) 형님은 <u>예능</u>에 소질이 많다. (　　　)

99) 서로 양보하여 화목한 <u>가정</u>을 만들자. (　　　)

100) 시험<u>기간</u>에는 더욱 열심이다. (　　　)

5급 기출문제 4회

대한민국한자자격검정시험   성명 (   )   점수   점

가. 다음 한자어의 독음을 쓰시오.

보기 : 孝道 (효도)

1) 五月(　　)　　11) 漢字(　　)
2) 宇宙(　　)　　12) 筆房(　　)
3) 先發(　　)　　13) 綠色(　　)
4) 俗談(　　)　　14) 期間(　　)
5) 國語(　　)　　15) 命令(　　)
6) 松林(　　)　　16) 氷山(　　)
7) 牙聲(　　)　　17) 問題(　　)
8) 若干(　　)　　18) 部首(　　)
9) 神仙(　　)　　19) 貧富(　　)
10) 古今(　　)　　20) 到着(　　)

나. 다음 한자의 뜻이 상대되는 한자를 쓰시오.

보기 : 上 ↔ (下)

21)　長　↔　(　　　)
22)　輕　↔　(　　　)

다. 다음 한자의 뜻이 비슷한 한자를 쓰시오.

보기 : 道 ↔ (路)

23)　卒　↔　(　　　)
24)　加　↔　(　　　)

라. 다음의 한자의 총 획수를 쓰시오

보기 : 孝 : (7획)

25)　品　:　　　획
26)　百　:　　　획

마. 다음 한자의 훈음을 쓰시오.

보기 : 孝 (효도 효)

27) 忍 (　　)　　37) 人 (　　)
28) 億 (　　)　　38) 決 (　　)
29) 眞 (　　)　　39) 祝 (　　)
30) 小 (　　)　　40) 父 (　　)
31) 運 (　　)　　41) 使 (　　)
32) 故 (　　)　　42) 限 (　　)
33) 結 (　　)　　43) 貴 (　　)
34) 野 (　　)　　44) 閉 (　　)
35) 大 (　　)　　45) 母 (　　)
36) 星 (　　)　　46) 視 (　　)

바. 다음의 단어를 한자로 바꿔 쓰시오.

보기: 효도:부모를 잘 섬기는 도리(孝道)

47) 공경 : 윗사람을 공손히 받들어 섬김(　　)
48) 면학 : 학업에 힘씀 (　　)
49) 세도 : 정치상의 권세 (　　)
50) 도보 : 걸어 가는 것 (　　)
51) 덕망 : 덕이 높고 인망이 있음(　　)

사. 다음 한자어의 뜻을 쓰시오.

보기 : 孝道 (부모를 잘 섬기는 도리)

52) 貴賤 (　　　　　)
53) 報答 (　　　　　)
54) 格言 (　　　　　)
55) 淨化 (　　　　　)

아. 다음 밑줄친 한자의 독음을 쓰시오.

보기: 부모님께 <u>孝道</u>를 하자.
(효도)

56) <u>勉學</u> 분위기 조성에 힘쓰자.
(　　　)

57) 태풍으로 <u>災害</u>가 많았다.
(　　　)

58) 국화가 <u>滿開</u>하니 너무나 아름답다.
(　　　)

59) 과학시간에 <u>對角線</u>에 대해서 배웠다.
(　　　)

60) <u>過去</u>보다 미래에 투자하라.
(　　　)

61) 갑자기 얼음이 필요해서 <u>急冷</u>시켰다.
(　　　)

62) <u>兩親</u>이 다 계신다는 게 큰 행복입니다.
(　　　)

63) 형님이 <u>萬里長城</u>에 다녀왔다.
(　　　)

64) 단소 <u>練習</u>을 많이 했더니 조금 불어진다.
(　　　)

65) 자신의 <u>短點</u>을 보완 하는게 중요하다.
(　　　)

자. 다음 물음에 알맞는 답을 쓰시오.

66) 다음 한자에 훈과 음을 쓰시오.
① 白 (　　　) ② 百 (　　　)

67) 다음 한자의 음과 훈을 쓰시오.
① 去 (　　　) ② 止 (　　　)

68) 다음 한자의 음과 훈을 쓰시오.
① 斤 (　　　) ② 近 (　　　)

차. 다음의 한자성어를 한글로 쓰시오.

69) 두현제의 실력이 난형난제이다.
難兄難弟 (　　　)

70) 많으면 많을 수록 좋다는 말
多多益善 (　　　)

카. 다음 훈음에 맞는 한자를 쓰시오.

보기 : 효도 효 (孝)

71) 사람 인 (　　) 81) 물결 파 (　　)
72) 법칙 칙 (　　) 82) 알 지 (　　)
73) 검을 현 (　　) 83) 쉴 휴 (　　)
74) 터 기 (　　) 84) 할 위 (　　)
75) 글자 자 (　　) 85) 재목 재 (　　)
76) 심을 식 (　　) 86) 말이을 이 (　　)
77) 흐를 류 (　　) 87) 배 주 (　　)
78) 노래 가 (　　) 88) 가늘 세 (　　)
79) 장사 상 (　　) 89) 쉬울 이 (　　)
80) 배울 학 (　　) 90) 금할 금 (　　)

타. 다음 밑줄친 단어를 한자로 고쳐 쓰시오.

보기 : 부모님께 <u>효도</u>를 하자.
(孝道)

91) 항상 <u>품질</u>에 신경을 쓰야 한다.
(　　　)

92) <u>상업</u>은 중요한 분야이다.
(　　　)

93) <u>경례</u>는 상대방을 공경하는 마음의 표현.
(　　　)

94) 우리는 회의에서 <u>결정</u>한 사항을 존중한다.
(　　　)

95) 친구 간에도 <u>세심</u>한 배려가 필요하다.
(　　　)

96) 난 <u>가곡</u> 중에서 선구자를 안다.
(　　　)

97) 그의 실력은 <u>자타</u>가 인정한다.
(　　　)

98) 지리산 <u>설경</u>은 아주 멋있다.
(　　　)

99) 여름 방학에는 <u>한자</u>를 많이 배워야지.
(　　　)

100) 인터넷 <u>기</u>술은 중요한 산업이다.
(　　　)

5급 기출문제 5회

대한민국한자자격검정시험　　성명（　　　）　점수　점

가. 다음 한자어의 독음을 쓰시오.

보기 : 孝道 (효도)

1) 共用(　) 　11) 單線(　)
2) 五感(　) 　12) 詩人(　)
3) 檢視(　) 　13) 良藥(　)
4) 九月(　) 　14) 陰陽(　)
5) 松葉(　) 　15) 念願(　)
6) 園藝(　) 　16) 宇宙(　)
7) 特許(　) 　17) 立春(　)
8) 英語(　) 　18) 近方(　)
9) 順次(　) 　19) 部首(　)
10) 移監(　) 　20) 小說(　)

나. 다음 한자의 뜻이 상대되는 한자를 쓰시오.

보기 : 上 ↔ (下)

21) 弟 ↔ (　　)
22) 客 ↔ (　　)

다. 다음 한자의 뜻이 비슷한 한자를 쓰시오.

보기 : 道 ↔ (路)

23) 惠 ↔ (　　)
24) 末 ↔ (　　)

라. 다음의 한자의 부수와 총 획수를 쓰시오.

보기 : 孝 : (子부, 7획)

25) 林 : 　부, 　획
26) 言 : 　부, 　획

마. 다음 한자의 훈음을 쓰시오.

보기 : 孝 (효도 효)

27) 貧(　) 　37) 是(　)
28) 庭(　) 　38) 視(　)
29) 星(　) 　39) 房(　)
30) 私(　) 　40) 變(　)
31) 最(　) 　41) 說(　)
32) 觀(　) 　42) 屋(　)
33) 固(　) 　43) 餘(　)
34) 野(　) 　44) 鐵(　)
35) 謝(　) 　45) 冷(　)
36) 歷(　) 　46) 佛(　)

바. 다음의 단어를 한자로 바꿔 쓰시오.

참고; 希望. 德望. 郡民. 建物. 端午. 傳說

47) 군민: 그 고을에 사는 사람들 (　　)
48) 덕망: 덕이 높고 인망이 있음 (　　)
49) 건물: 집 따위 등 세운 물건 (　　)
50) 전설: 예부터 내려오는 이야기 (　　)
51) 단오: 음력 오월 초닷샛날의 명절 (　　)

사. 다음 한자어를 우리글로 쓰시오.

참고; 운지. 각언. 회선. 격언. 급식. 회식.

52) 給食 (　　　　)
53) 格言 (　　　　)
54) 回線 (　　　　)
55) 雄志 (　　　　)

아. 다음 밑줄친 한자의 독음을 쓰시오.

> 보기: 부모님께 <u>孝道</u>를 하자.
> (효도)

56) 서로 <u>協助</u>해서 작품을 완성하여라.
( )
57) 황사 때문에 <u>窓門</u>을 열어 둘 수가 없다.
( )
58) 물심 <u>兩面</u>으로 도와주셔서 감사합니다.
( )
59) <u>旅行</u>은 삶을 활력있게 해준다.
( )
60) 내 친구는 미국으로 <u>移民</u>을 간다.
( )
61) 서구 <u>文化</u>가 빠르게 개방되어 간다.
( )
62) <u>末端</u>에서부터 개혁이 일어나고 있다.
( )
63) 야간 행군 때는 <u>北極星</u>을 보고 가라.
( )
64) 운전자는 횡단보도 <u>停止線</u>을 지켜야 한다.
( )
65) 오늘은 <u>給料</u>를 타는 날이라 외식했다.
( )

자. 다음 물음에 알맞는 답을 쓰시오.

66) 少의 음과 훈을 두 가지 쓰시오.
① ②
67) 다음 한자의 음과 훈을 쓰시오.
① 示 ( ) ② 市 ( )
68) 休의 부수로 맞는 것은? ( )
① 止 ② 人 ③ 戈 ④ 少

차. 다음의 뜻에 알맞는 한자성어를 쓰시오.

69) 풀을 엮어서 은혜를 갚는다는 뜻으로
죽어서도 잊지 않고 은혜를 갚는다는 말.
(결초보은) ( )
70) 자기의 정성을 겸손하게 일컫는 말.
(견마지로) ( )

카. 다음 훈음에 맞는 한자를 쓰시오.

> 보기 : 효도 효 (孝)

71) 흐를 류( ) 81) 가벼울경( )
72) 낮을 저( ) 82) 격식 격( )
73) 성할 성( ) 83) 지낼 경( )
74) 터 기( ) 84) 쉬울 이( )
75) 할 위( ) 85) 이를 치( )
76) 법칙 칙( ) 86) 다만 단( )
77) 거느릴통( ) 87) 함께 공( )
78) 뒤 후( ) 88) 알 식( )
79) 같을 여( ) 89) 써 이( )
80) 때 부( ) 90) 구원할구( )

타. 다음 밑줄친 단어를 한자로 고쳐 쓰시오.

> 보기 : 부모님께 <u>효도</u>를 하자.
> (孝道)

91) 언제 어디서고 <u>최선</u>을 다하자.
( )
92) 그의 연주실력은 <u>자타</u>가 인정한다.
( )
93) <u>경례</u>는 상대방을 공경하는 마음의 표현.
( )
94) <u>철교</u>를 건너면 학교가 가까워 진다.
( )
95) 외제 <u>물건</u>보다 국산이 더 좋게 만들어진다.
( )
96) 이 지구상에서 <u>전쟁</u>은 사라져야 한다.
( )
97) <u>음지</u>에는 아직도 눈이 녹지 않았다.
( )
98) 부부는 사랑하고 <u>공경</u>하는 것입니다.
( )
99) 겨울 <u>방학</u>에는 한문을 열심히 해야지.
( )
100) 지리산 <u>설경</u>은 정말 멋있었다.
( )

5급 예상문제 1회

대한민국한자자격검정시험   성명 (   )   점수   점

가. 다음 한자어의 독음을 쓰시오.

본보기 : 孝道 (효도)

1) 時代(   )   2) 生活(   )
3) 個性(   )   4) 選擧(   )
5) 景致(   )   6) 閉門(   )
7) 製鐵所(   )   8) 待接(   )
9) 檢察(   )   10) 熱望(   )
11) 打字(   )   12) 停止(   )
13) 更新(   )   14) 早期(   )
15) 保全(   )   16) 都市(   )
17) 許可(   )   18) 無味(   )
19) 敵軍(   )   20) 終末(   )

나. 다음 한자의 뜻이 상대되는 한자를 쓰시오.

본보기 : 上 ↔ (下)

21) 輕 ↔ (   )
22) 公 ↔ (   )

다. 다음 한자의 뜻이 비슷한 한자를 쓰시오.

본보기 : 道 ↔ (路)

23) 圖 ↔ (   )
24) 談 ↔ (   )

라. 다음의 한자의 부수와 총 획수를 쓰시오.

본보기 : 孝 : (子부, 7획)

25) 以 :   획
26) 獨 :   획

마. 다음 한자의 훈음을 쓰시오.

본보기 : 孝 (효도 효)

27) 葉 (   )   28) 志 (   )
29) 限 (   )   30) 球 (   )
31) 助 (   )   32) 形 (   )
33) 變 (   )   34) 者 (   )
35) 野 (   )   36) 細 (   )
37) 試 (   )   38) 祭 (   )
39) 因 (   )   40) 宅 (   )
41) 思 (   )   42) 仙 (   )
43) 祝 (   )   44) 減 (   )
45) 眼 (   )   46) 宙 (   )

바. 다음의 단어를 한자로 바꿔 쓰시오.

본보기 : 효도:부모를 잘 섬기는 도리(孝道)

47) 공동 : 여러 사람이 일을 같이 함
                                (   )
48) 선량 : 착하고 어질음 (   )
49) 양면 : 앞면과 뒷면 (   )
50) 패배 : 싸움에서 짐 (   )
51) 빈약 : 보잘 것 없음 (   )

사. 다음 한자어의 뜻을 쓰시오.

본보기 : 孝道 (부모를 잘 섬기는 도리)

52) 回線 (   )
53) 往來 (   )
54) 是正 (   )
55) 具色 (   )

아. 다음 밑줄친 한자의 독음을 쓰시오.

> 본보기 : 부모님께 <u>孝道</u>를 하자.
> (효도)

56) 어머니께서 주신 용돈을 <u>有用</u>하게 써라.
(   )

57) 이번 사건은 여러 가지 <u>敎訓</u>을 남겼다.
(   )

58) <u>放學</u> 동안에 헤이 해진 마음을 가다듬자.
(   )

59) <u>規則</u>적인 생활은 건강에도 좋다.
(   )

60) <u>過去</u>를 돌아봄은 미래를 준비함이다.
(   )

61) 각황전은 목조 <u>建物</u>로 국내 제일이다.
(   )

62) 책은 새로운 <u>事實</u>을 알게 해준다.
(   )

63) <u>知識人</u>이 되고자 한다면 독서를 하라.
(   )

64) <u>將來</u>에 대해서 좀 더 생각해보자.
(   )

65) 다시 일어설 수 있다는 <u>信念</u>으로 하자.
(   )

자. 다음 물음에 알맞은 답을 쓰시오.

66) 易의 음과 훈을 두 가지 쓰시오.
① _____ ② _____

67) 다음 한자의 음과 훈을 쓰시오.
① 永 (   ) ② 氷 (   )

68) 處의 부수로 맞는 것은? (   )
① 夂   ② 几   ③ 虍   ④ 處

차. 다음의 뜻에 알맞은 한자성어를 쓰시오.

69) '효험이 좋은 약은 입에 쓰다'는 뜻으로 충언은 귀에 거슬리나 자기에게 이롭다. (   )

70) 책을 읽다가 양을 잃어버린다는 뜻으로 다른 일에 정신을 뺏겨 중요한 일을 소홀히 함.
(   )

카. 다음 훈음에 맞는 한자를 쓰시오.

> 본보기 : 효도 효 (孝)

71) 화할 화 (   ) 72) 손자 손 (   )
73) 귀신 신 (   ) 74) 차례 급 (   )
75) 만약 약 (   ) 76) 과거 제 (   )
77) 복   복 (   ) 78) 들을 문 (   )
79) 나눌 부 (   ) 80) 바람 풍 (   )
81) 굽을 곡 (   ) 82) 다툴 쟁 (   )
83) 풍성할 풍 (   ) 84) 가을 추 (   )
85) 지을 작 (   ) 86) 익힐 습 (   )
87) 글귀 구 (   ) 88) 맑을 청 (   )
89) 다행 행 (   ) 90) 병들 병 (   )

타. 다음 밑줄친 단어를 한자로 고쳐 쓰시오.

> 본보기 : 부모님께 <u>효도</u>를 하자.
> (孝道)

91) <u>국민차</u>의 보급이 급격히 일어났다.
(   )

92) 장수한 사람들은 대체적으로 <u>소식</u>한다.
(   )

93) <u>현주소</u>를 정확히 기입하기 바랍니다.
(   )

94) 청평 <u>호수</u>는 연인들로 항상 붐빈다.
(   )

95) 날로 인구가 <u>증가</u>하고 있다.
(   )

96) 가족과 함께 <u>다도해</u>를 관광하였다.
(   )

97) 고마움의 표시로 <u>사례</u>를 하고 싶습니다.
(   )

98) <u>불경</u>을 이해하려면 먼저 한자를 익혀라.
(   )

99) <u>속담</u>은 옛날부터 전해오는 이야기이다.
(   )

100) <u>분명</u>하게 자기의 의견을 말하시오.
(   )

5급 예상문제 2회

대한민국한자자격검정시험   성명 (   )   점수   점

가. 다음 한자어의 독음을 쓰시오.

본보기 : 孝道 (효도)

1) 待接(   )   2) 敬禮(   )
3) 個性(   )   4) 宗親(   )
5) 規格(   )   6) 物件(   )
7) 競技(   )   8) 單行本(   )
9) 練習(   )   10) 熱量(   )
11) 渴望(   )   12) 藥師(   )
13) 聖歌(   )   14) 答案紙(   )
15) 恩惠(   )   16) 高次元(   )
17) 傳送(   )   18) 通念(   )
19) 前進(   )   20) 免責(   )

나. 다음 한자의 뜻이 상대되는 한자를 쓰시오.

본보기 : 上 ↔ (下)

21) 加   ↔ (   )
22) 貧   ↔ (   )

다. 다음 한자의 뜻이 비슷한 한자를 쓰시오.

본보기 : 道 ↔ (路)

23) 監   ↔ (   )
24) 所   ↔ (   )

라. 다음의 한자의 부수와 총 획수를 쓰시오.

본보기 : 孝 : (子부, 7획)

25) 號 :   획
26) 變 :   획

마. 다음 한자의 훈음을 쓰시오.

본보기 : 孝 (효도 효)

27) 但 (   )   28) 波 (   )
29) 回 (   )   30) 雄 (   )
31) 寒 (   )   32) 固 (   )
33) 精 (   )   34) 私 (   )
35) 保 (   )   36) 仁 (   )
37) 藝 (   )   38) 善 (   )
39) 億 (   )   40) 祝 (   )
41) 者 (   )   42) 料 (   )
43) 致 (   )   44) 官 (   )
45) 他 (   )   46) 曾 (   )

바. 다음의 단어를 한자로 바꿔 쓰시오.

본보기 : 효도:부모를 잘 섬기는 도리(**孝道**)

47) 진담 : 진정에서 나온 말 (   )
48) 전개 : 펴서 벌림   (   )
49) 여로 : 여행 길   (   )
50) 한정 : 제한하여 정함   (   )
51) 냉기 : 찬 기운   (   )

사. 다음 한자어의 뜻을 쓰시오.

본보기 : 孝道 (부모를 잘 섬기는 도리)

52) 經歷 (   )
53) 過去 (   )
54) 使用 (   )
55) 許容 (   )

아. 다음 밑줄친 한자의 독음을 쓰시오.

본보기 : 부모님께 孝道를 하자.
(효도)

56) 視力이 더 이상 나쁘지 않도록 주의해라.
( )

57) 내가 글짓기 部門에서 일등을 했다.
( )

58) 표현이 獨特한 부분을 찾아 쓰시오.
( )

59) 수능시험 願書를 제출했다.
( )

60) 健全한 생각은 건전한 행동을 만든다.
( )

61) 誠實하다는 것은 최대의 재산이다.
( )

62) 具備 조건이 맞아야 근무할 수 있다.
( )

63) 豊足한 생활을 하려면 열심히 일해라.
( )

64) 이름이 좋지 않아 改名을 했다.
( )

65) 팀을 結成해서 시합에 참가했다.
( )

자. 다음 물음에 알맞은 답을 쓰시오.

66) 便의 음과 훈을 두 가지 쓰시오.
① ②

67) 다음 한자의 음과 훈을 쓰시오.
① 賣 ( ) ② 買 ( )

68) 題의 부수로 맞는 것은? ( )
① 是 ② 頁 ③ 日 ④ 人

차. 다음의 뜻에 알맞은 한자성어를 쓰시오.

69) 쌍방이 다투는 틈을 타서 제삼자가 애쓰지 않고 가로챈 이득. ( )

70) 남의 비위에 맞도록 꾸민 달콤한 말과 이로운 조건으로 내세워 꾀는 말
( )

카. 다음 훈음에 맞는 한자를 쓰시오.

본보기 : 효도 효 (孝)

71) 옳을 가 ( ) 72) 서울 경 ( )
73) 셈 수 ( ) 74) 느낄 감 ( )
75) 바다 해 ( ) 76) 약할 약 ( )
77) 때 시 ( ) 78) 붙을 착 ( )
79) 급할 급 ( ) 80) 말씀 어 ( )
81) 구할 구 ( ) 82) 법칙 칙 ( )
83) 모양 형 ( ) 84) 겉 표 ( )
85) 일만 만 ( ) 86) 장사 상 ( )
87) 병들 병 ( ) 88) 붓 필 ( )
89) 법도 도 ( ) 90) 줄 선 ( )

타. 다음 밑줄친 단어를 한자로 고쳐 쓰시오.

본보기 : 부모님께 효도를 하자.
(孝道)

91) 나는 너무 의지가 약해서 걱정이다.
( )

92) 떨어지는 낙엽을 보니 왠지 쓸쓸해진다.
( )

93) 이곳은 청소년 출입 금지 구역이다.
( )

94) 눈이 아파 안과에 가서 치료했다.
( )

95) 오빠는 6년만에 대학을 졸업했다.
( )

96) 학교 대표 선수를 선발하는 시합이다.
( )

97) 환경보호단체가 실시한 행사에 참여했다.
( )

98) 전쟁의 아픔을 딛고 일어선 우리입니다.
( )

99) 연세가 많이 드신 노인은 잘 모셔야 한다.
( )

100) 신문 보도를 보고서야 사건을 알았다.
( )

5급 예상문제 3회

대한민국한자자격검정시험   성명 (   )   점수   점

가. 다음 한자어의 독음을 쓰시오.

본보기 : 孝道 (효도)

1) 寒波 (   )   2) 貧富 (   )
3) 朱丹 (   )   4) 問題 (   )
5) 氷水 (   )   6) 賣買 (   )
7) 期間 (   )   8) 靑綠色 (   )
9) 筆房 (   )   10) 武器 (   )
11) 初喪 (   )   12) 水仙花 (   )
13) 萬古風霜 (   )   14) 牙城 (   )
15) 松林 (   )   16) 精進 (   )
17) 俗談 (   )   18) 先發 (   )
19) 競試 (   )   20) 回數 (   )

나. 다음 한자의 뜻이 반대되는 한자를 쓰시오.

본보기 : 上 ↔ (下)

21) 溫 ↔ (   )
22) 將 ↔ (   )

다. 다음 한자의 뜻이 비슷한 한자를 쓰시오.

본보기 : 道 ↔ (路)

23) 技 ↔ (   )
24) 目 ↔ (   )

라. 다음의 한자의 부수와 총 획수를 쓰시오.

본보기 : 孝 : (子부, 7획)

25) 醫 :   획
26) 餘 :   획

마. 다음 한자의 훈음을 쓰시오.

본보기 : 孝 (효도 효)

27) 致 (   )   28) 以 (   )
29) 識 (   )   30) 救 (   )
31) 共 (   )   32) 輕 (   )
33) 但 (   )   34) 經 (   )
35) 格 (   )   36) 易 (   )
37) 則 (   )   38) 如 (   )
39) 部 (   )   40) 統 (   )
41) 流 (   )   42) 低 (   )
43) 基 (   )   44) 盛 (   )
45) 後 (   )   46) 爲 (   )

바. 다음의 단어를 한자로 바꿔 쓰시오.

본보기 : 효도:부모를 잘 섬기는 도리 (孝道)

47) 과연 : 알고 보니 정말 (   )
48) 과업 : 닦아야 할 업무 (   )
49) 만개 : 꽃이 한꺼번에 활짝 핌 (   )
50) 보답 : 남의 두터운 뜻을 갚음 (   )
51) 고정 : 한 곳에 꽉 자리잡아 바뀌지 않음
         (   )

사. 다음 한자어의 뜻을 쓰시오.

본보기 : 孝道 (부모를 잘 섬기는 도리)

52) 勉學 (   )
53) 謝過 (   )
54) 勢道 (   )
55) 聲量 (   )

아. 다음 밑줄친 한자의 독음을 쓰시오.

본보기 : 부모님께 <u>孝道</u>를 하자.
(효도)

56) 오랜만에 <u>夫婦</u>가 여행을 하니 참 좋다.
( )

57) 내일부터 <u>夏期放學</u>이다.
( )

58) 지리산 <u>雪景</u>은 정말 멋있습니다.
( )

59) 할머니 댁에 가려면 <u>鐵橋</u>를 건너야 한다.
( )

60) 아직도 주변에는 <u>戰爭</u>의 아픔이 있다.
( )

61) <u>外製物件</u>이라 해서 다 좋은 건 아니다.
( )

62) 언젠가는 <u>陰地</u>에도 해뜰 날이 있겠지.
( )

63) 항상 <u>最善</u>을 다하는 모습이 아름답다.
( )

64) 내 음식 솜씨는 <u>自他</u>가 공인한다.
( )

65) 국기에 대한 <u>敬禮</u>는 경건하게 하자.
( )

자. 다음 물음에 알맞은 답을 쓰시오.

66) 畵의 음과 훈을 두 가지 쓰시오.
① ②

67) 다음 한자의 음과 훈을 쓰시오.
① 時( ) ② 詩( )

68) 歲의 부수로 맞는 것은? ( )
① 止 ② 少 ③ 戈 ④ 歲

차. 다음의 뜻에 알맞은 한자성어를 쓰시오.

69) 죽어 혼령이 되어도 은혜를 잊지 않고 갚는 다는 뜻. ( )

70) 자기의 정성을 겸손하게 일컫는 말.
( )

카. 다음 훈음에 맞는 한자를 쓰시오.

본보기 : 효도 효 (孝)

71) 거느릴 령 ( ) 72) 가늘 세 ( )
73) 닫을 폐 ( ) 74) 귀할 귀 ( )
75) 한정 한 ( ) 76) 부릴 사 ( )
77) 목욕할 욕 ( ) 78) 빌 축 ( )
79) 결단할 결 ( ) 80) 볼 시 ( )
81) 베풀 시 ( ) 82) 섬 도 ( )
83) 스승 사 ( ) 84) 맺을 결 ( )
85) 연고 고 ( ) 86) 운전할 운 ( )
87) 낱 개 ( ) 88) 참 진 ( )
89) 억 억 ( ) 90) 갖출 비 ( )

타. 다음 밑줄친 단어를 한자로 고쳐 쓰시오.

본보기 : 부모님께 <u>효도</u>를 하자.
(孝道)

91) <u>일본문화</u>를 바로 알고 받아들여야 한다.
( )

92) 운전자는 보도 앞 <u>정지선</u>을 지켜야 한다.
( )

93) 야간 행군 때에는 <u>북극성</u>을 보고 가라.
( )

94) 오늘은 <u>급료</u>를 타는 날인데 마음이 무겁다.
( )

95) 비록 <u>말단</u> 공무원이지만 성실하게 일한다.
( )

96) 그간 <u>물심양면</u>으로 도와주셔서 감사합니다.
( )

97) 친구와 함께 <u>여행</u>을 떠나기로 했다.
( )

98) 어려울 때 서로 <u>협조</u>해서 완성하시오.
( )

99) 날씨가 더워서 <u>창문</u>을 열었다.
( )

100) 미국으로 <u>이민</u> 가서 성공하기는 어렵다.
( )

5급   예상문제   4회

대한민국한자자격검정시험   성명 (   )   점수   점

가. 다음 한자어의 독음을 쓰시오.

본보기 : 孝道 (효도)

1) 風霜 (   )   2) 園兒 (   )
3) 元祖 (   )   4) 原料 (   )
5) 暗雲 (   )   6) 往來 (   )
7) 祭禮 (   )   8) 檢擧 (   )
9) 案件 (   )   10) 餘望 (   )
11) 番號 (   )   12) 順理 (   )
13) 接待 (   )   14) 國政 (   )
15) 展示 (   )   16) 施行 (   )
17) 終決 (   )   18) 年歲 (   )
19) 協同 (   )   20) 報告 (   )

나. 다음 한자의 뜻이 상대되는 한자를 쓰시오.

본보기 : 上 ↔ (下)

21) 買 ↔ (   )
22) 因 ↔ (   )

다. 다음 한자의 뜻이 비슷한 한자를 쓰시오.

본보기 : 道 ↔ (路)

23) 末 ↔ (   )
24) 恩 ↔ (   )

라. 다음의 한자의 부수와 총 획수를 쓰시오.

본보기 : 孝 : (子부, 7획)

25) 察 :   획
26) 兩 :   획

마. 다음 한자의 훈음을 쓰시오.

본보기 : 孝 (효도 효)

27) 佛 (   )   28) 功 (   )
29) 輕 (   )   30) 貯 (   )
31) 建 (   )   32) 陸 (   )
33) 念 (   )   34) 備 (   )
35) 卒 (   )   36) 飯 (   )
37) 且 (   )   38) 曾 (   )
39) 歷 (   )   40) 章 (   )
41) 喪 (   )   42) 師 (   )
43) 藝 (   )   44) 利 (   )
45) 亥 (   )   46) 尙 (   )

바. 다음의 단어를 한자로 바꿔 쓰시오.

본보기 : 효도:부모를 잘 섬기는 도리 (孝道)

47) 경로 : 노인을 공경함 (   )
48) 과업 : 닦아야 할 업무 (   )
49) 성의 : 정성스러운 뜻 (   )
50) 화필 : 그림을 그리는데 쓰이는 붓
    (   )
51) 격언 : 사리에 맞아 교훈이 될만한 짧은 말.   (   )

사. 다음 한자어의 뜻을 쓰시오.

본보기 : 孝道 (부모를 잘 섬기는 도리)

52) 禁物 (   )
53) 選定 (   )
54) 勉學 (   )
55) 進步 (   )

아. 다음 밑줄친 한자의 독음을 쓰시오.

> 본보기 : 부모님께 孝道를 하자.
> (효도)

56) 우리의 所願은 통일. 꿈에도...
( )

57) 방안에 冷氣가 돌아 옷을 두껍게 입었다.
( )

58) 내 잘못을 인정하고 정중히 謝過드렸다.
( )

59) 나는 우리 집안의 宗孫이다.
( )

60) 건축물의 許可가 빨리 나오지 않는다.
( )

61) 保溫을 잘해야 수확이 늘어날 것이다.
( )

62) 어로 금지구역이 많아 漁夫들이 어렵다.
( )

63) 우리 누나의 결혼을 祝福하여 주소서.
( )

64) 變化된 내 모습을 보여주고 싶다.
( )

65) 편지를 보냈는데 回答이 없어 궁금하다.
( )

자. 다음 물음에 알맞은 답을 쓰시오.

66) 說의 음과 훈을 두 가지 쓰시오.
① ②

67) 다음 한자의 음과 훈을 쓰시오.
① 思( ) ② 恩( )

68) 義의 부수로 맞는 것은? ( )
① 戈 ② 羊 ③ 我 ④ 義

차. 다음의 뜻에 알맞은 한자성어를 쓰시오.

69) 불행이 엎친 데 덮쳐 일어남.
( )

70) 사람을 업신여기고 교만함.
( )

카. 다음 훈음에 맞는 한자를 쓰시오.

> 본보기 : 효도 효 (孝)

71) 뜰 정 ( ) 72) 베 포 ( )
73) 모양 형 ( ) 74) 만약 약 ( )
75) 차례 제 ( ) 76) 목숨 명 ( )
77) 이길 승 ( ) 78) 셈할 산 ( )
79) 등급 급 ( ) 80) 다스릴리 ( )
81) 성품 성 ( ) 82) 급할 급 ( )
83) 공변될공 ( ) 84) 붉을 단 ( )
85) 다시 갱 ( ) 86) 일할 로 ( )
87) 그럴 연 ( ) 88) 떨어질락 ( )
89) 볼 간 ( ) 90) 아름다울가 ( )

타. 다음 밑줄친 단어를 한자로 고쳐 쓰시오.

> 본보기 : 부모님께 효도를 하자.
> (孝道)

91) 한반도 삼천리 금수강산이 내 조국이다.
( )

92) 날아가는 새도 떨어뜨린다는 세도가이다.
( )

93) 박세리는 영웅이 되어 돌아왔다.
( )

94) 회장으로 선출된 분은 음성이 고왔다.
( )

95) 한국의 교육열은 세계 제일이다고 한다.
( )

96) 교통규칙을 잘 지켜야 사고가 줄어든다.
( )

97) 수학경시대회에서 최고상을 받았다.
( )

98) 평화통일로 가는 길은 쉽지만은 않다.
( )

99) 버스가 만원이라 지하철을 이용했다.
( )

100) 역사에 빛나는 발자취를 남긴 위인들.
( )

5급 예상문제 5회

대한민국한자자격검정시험   성명 (   )   점수   점

가. 다음 한자어의 독음을 쓰시오.

본보기 : 孝道 (효도)

1) 領土 (   )   2) 擧國 (   )
3) 事故 (   )   4) 救急車 (   )
5) 減少 (   )   6) 給食 (   )
7) 辛勝 (   )   8) 健兒 (   )
9) 檢量 (   )   10) 念頭 (   )
11) 非理 (   )   12) 人性 (   )
13) 香氣 (   )   14) 特許 (   )
15) 低俗 (   )   16) 停車場 (   )
17) 銀製品 (   ) 18) 不良 (   )
19) 佛敎 (   )   20) 求道 (   )

나. 다음 한자의 뜻이 상대되는 한자를 쓰시오.

본보기 : 上 ↔ (下)

21) 自 ↔ (   )
22) 將 ↔ (   )

다. 다음 한자의 뜻이 비슷한 한자를 쓰시오.

본보기 : 道 ↔ (路)

23) 改 ↔ (   )
24) 處 ↔ (   )

라. 다음의 한자의 부수와 총 획수를 쓰시오.

본보기 : 孝 : (子부, 7획)

25) 滿 :   획
26) 綠 :   획

마. 다음 한자의 훈음을 쓰시오.

본보기 : 孝 (효도 효)

27) 渴 (   )   28) 貴 (   )
29) 具 (   )   30) 監 (   )
31) 陸 (   )   32) 客 (   )
33) 仙 (   )   34) 城 (   )
35) 養 (   )   36) 聲 (   )
37) 貯 (   )   38) 屋 (   )
39) 打 (   )   40) 歲 (   )
41) 宅 (   )   42) 報 (   )
43) 陽 (   )   44) 但 (   )
45) 望 (   )   46) 雄 (   )

바. 다음의 단어를 한자로 바꿔 쓰시오.

본보기 : 효도:부모를 잘 섬기는 도리 (孝道)

47) 군민 : 그 고을에 사는 사람 (   )
48) 경쟁 : 서로 겨루어 다툼 (   )
49) 진담 : 진정에서 나온 말 (   )
50) 축복 : 앞날의 행복을 빎 (   )
51) 지성 : 있는 정성을 다함 (   )

사. 다음 한자어의 뜻을 쓰시오.

본보기 : 孝道 (부모를 잘 섬기는 도리)

52) 忠心 (   )
53) 朝飯 (   )
54) 旅路 (   )
55) 以外 (   )

아. 다음 밑줄친 한자의 독음을 쓰시오.

> 본보기 : 부모님께 孝道를 하자.
> (효도)

56) 規定을 알고 건물을 지어야 한다.
( )
57) 시장의 施政 연설은 알맹이가 없었다.
( )
58) 善意로 그 일을 했으나 결과가 안 좋다.
( )
59) 드디어 금강산 觀光이 이루어지게 됐다.
( )
60) 체력에 限界를 느낀다.
( )
61) 細心한 배려에 진심으로 감사드립니다.
( )
62) 지금은 시기 尙早인 것 같습니다.
( )
63) 史記列傳을 이번에는 꼭 읽어야겠다.
( )
64) 이모는 獨身主義者 인 것 같다.
( )
65) 信號를 위반하여 벌금을 물었다.
( )

자. 다음 물음에 알맞은 답을 쓰시오.

66) 惡의 음과 훈을 두 가지 쓰시오.
① ②
67) 다음 한자의 음과 훈을 쓰시오.
① 若 ( ) ② 苦 ( )
68) 經의 부수로 맞는 것은? ( )
① 工 ② 糸 ③ 幺 ④ 巛

차. 다음의 뜻에 알맞은 한자성어를 쓰시오.

69) 혼자서 칼을 휘두르고 거침없이 적진으로 쳐들어 감. ( )
70) 처지를 바꾸어서 생각함.
( )

카. 다음 훈음에 맞는 한자를 쓰시오.

> 본보기 : 효도 효 (孝)

71) 심을 식 ( ) 72) 뱀 사 ( )
73) 반드시 필 ( ) 74) 더할 가 ( )
75) 임금 군 ( ) 76) 길할 길 ( )
77) 하늘 공 ( ) 78) 집 우 ( )
79) 몸 체 ( ) 80) 낳을 산 ( )
81) 굳셀 강 ( ) 82) 살필 성 ( )
83) 큰 덕 ( ) 84) 글 시 ( )
85) 옳을 가 ( ) 86) 그 기 ( )
87) 집 주 ( ) 88) 번개 전 ( )
89) 곳집 창 ( ) 90) 편할 편 ( )

타. 다음 밑줄친 단어를 한자로 고쳐 쓰시오.

> 본보기 : 부모님께 효도를 하자.
> (孝道)

91) 원예사 아저씨가 정원을 손질하였다.
( )
92) 하얀 도화지 위에 내 꿈을 그리고 싶다.
( )
93) 부모님 의복을 넘지 말고 밟지 말라.
( )
94) 부모님께 이 달 용돈을 송금해 드렸다.
( )
95) 경제가 어려울수록 노사가 협력해야 한다.
( )
96) 문제를 정확히 보고 차분하게 풀어라.
( )
97) 사물놀이는 우리의 전통음악이다.
( )
98) 책의 내용을 꼼꼼히 살펴보고 구입해라.
( )
99) 아버지와 아침 일찍 약수를 뜨러 갔다.
( )
100) 삼촌은 농산물 매매업에 종사하신다.
( )

5급 예상문제 6회

대한민국한자자격검정시험   성명 (   )   점수   점

가. 다음 한자어의 독음을 쓰시오.

본보기 : 孝道 (효도)

1) 發着(   ) 2) 文章(   )
3) 極端(   ) 4) 高低(   )
5) 豊盛(   ) 6) 開閉(   )
7) 號令(   ) 8) 遠近(   )
9) 貧弱(   ) 10) 因果(   )
11) 無敵(   ) 12) 春秋(   )
13) 支部(   ) 14) 功過(   )
15) 競走(   ) 16) 曲直(   )
17) 滿天下(   ) 18) 變化(   )
19) 單面(   ) 20) 年歲(   )

나. 다음 한자의 뜻이 상대되는 한자를 쓰시오.

본보기 : 上 ↔ (下)

21) 晝 ↔ (   )
22) 明 ↔ (   )

다. 다음 한자의 뜻이 비슷한 한자를 쓰시오.

본보기 : 道 ↔ (路)

23) 知 ↔ (   )
24) 增 ↔ (   )

라. 다음의 한자의 부수와 총 획수를 쓰시오.

본보기 : 孝 : (子부, 7획)

25) 晝 :   획
26) 亥 :   획

마. 다음 한자의 훈음을 쓰시오.

본보기 : 孝 (효도 효)

27) 通 (   ) 28) 理 (   )
29) 固 (   ) 30) 進 (   )
31) 表 (   ) 32) 恩 (   )
33) 利 (   ) 34) 惠 (   )
35) 敬 (   ) 36) 俗 (   )
37) 仁 (   ) 38) 易 (   )
39) 惡 (   ) 40) 技 (   )
41) 旅 (   ) 42) 窓 (   )
43) 如 (   ) 44) 移 (   )
45) 都 (   ) 46) 私 (   )

바. 다음의 단어를 한자로 바꿔 쓰시오.

본보기 : 효도:부모를 잘 섬기는 도리 (孝道)

47) 경시 : 가볍게 여김   (   )
48) 염두 : 생각의 시작   (   )
49) 면학 : 학업에 힘씀   (   )
50) 제목 : 책 겉에 쓰는 책의 이름
              (   )
51) 상복 : 상제로 있는 동안 입는 예복
              (   )

사. 다음 한자어의 뜻을 쓰시오.

본보기 : 孝道 (부모를 잘 섬기는 도리)

52) 處世 (   )
53) 往來 (   )
54) 許容 (   )
55) 醫書 (   )

아. 다음 밑줄친 한자의 독음을 쓰시오.

| 본보기 : 부모님께 <u>孝道</u>를 하자. |
| (효도) |

56) 우리 어머님은 전업 <u>主婦</u>이시다.
 (   )
57) 나는 이 다음에 <u>聲樂</u>家가 되고 싶다.
 (   )
58) 사업이 날로 번창하시길 <u>祝願</u>합니다.
 (   )
59) 영희는 <u>次期</u> 회장감이다.
 (   )
60) 시험의 <u>最終</u> 발표날짜가 내일이다.
 (   )
61) <u>助言</u>을 해주셔서 정말 감사합니다.
 (   )
62) <u>武器</u>를 도입할 때 부정이 있었다니…
 (   )
63) 부모님은 내가 <u>檢事</u>가 되길 원하신다.
 (   )
64) <u>特色</u>있게 꾸며야 고객의 눈길을 끈다.
 (   )
65) 이것은 <u>限定</u> 판매라 한다.
 (   )

자. 다음 물음에 알맞은 답을 쓰시오.
66) 便의 음과 훈을 두 가지 쓰시오.
 ①   ②
67) 다음 한자의 음과 훈을 쓰시오.
 ① 建 (   ) ② 健 (   )
68) 謝의 부수로 맞는 것은? (   )
 ① 寸   ② 身   ③ 言   ④ 射

차. 다음의 뜻에 알맞은 한자성어를 쓰시오.
69) 사람이 본디부터 타고난 심성.
 (   )
70) 말이 조금도 조리가 닿지 않음.
 (   )

카. 다음 훈음에 맞는 한자를 쓰시오.

| 본보기 : 효도 효 (孝) |

71) 나타날현 (   ) 72) 뜰   정 (   )
73) 가지런할제 (   ) 74) 성   성 (   )
75) 창   모 (   ) 76) 머무를간 (   )
77) 언덕 부 (   ) 78) 쉴   휴 (   )
79) 무거울중 (   ) 80) 뒤   후 (   )
81) 가죽 혁 (   ) 82) 검을 현 (   )
83) 보리 맥 (   ) 84) 나라이름한 (   )
85) 늙을 로 (   ) 86) 뼈   골 (   )
87) 대할 대 (   ) 88) 읽을 독 (   )
89) 조목 과 (   ) 90) 흐를 류 (   )

타. 다음 밑줄친 단어를 한자로 고쳐 쓰시오.

| 본보기 : 부모님께 <u>효도</u>를 하자. |
| (孝道) |

91) 1주일 <u>식단</u>을 정성스럽게 짰다.
 (   )
92) 부모님 말씀은 <u>지당</u>하시니 거역 말라.
 (   )
93) <u>덕망</u>이 높으신 분이 부임해 오신다.
 (   )
94) 광양 <u>제철</u>소를 보고 그 규모에 놀랐다.
 (   )
95) <u>방송</u> 원고 정리하느라 밤을 지샜다.
 (   )
96) <u>시상</u>식에서 내가 대표로 상을 받는다.
 (   )
97) 우리 할아버지는 훌륭한 <u>교육자</u>이시다.
 (   )
98) 갑자기 기온이 내려가 <u>감기</u>에 걸렸다.
 (   )
99) 부모님 <u>한약</u>을 정성스럽게 달여 들였다.
 (   )
100) 성공의 지름길은 <u>성실</u>이다.
 (   )

5급 예상문제 7회

대한민국한자자격검정시험   성명 (   )   점수   점

가. 다음 한자어의 독음을 쓰시오.

본보기 : 孝道 (효도)

1) 展示 (   )   2) 賞罰 (   )
3) 行爲 (   )   4) 當選 (   )
5) 監房 (   )   6) 江原道 (   )
7) 個體 (   )   8) 巨物級 (   )
9) 更年期 (   )   10) 課題 (   )
11) 高次元 (   )   12) 決勝 (   )
13) 原因 (   )   14) 仁川 (   )
15) 養育 (   )   16) 禁止 (   )
17) 陸海空軍 (   )   18) 林野 (   )
19) 餘波 (   )   20) 骨肉 (   )

나. 다음 한자의 뜻이 상대되는 한자를 쓰시오.

본보기 : 上 ↔ (下)

21) 溫 ↔ (   )
22) 賣 ↔ (   )

다. 다음 한자의 뜻이 비슷한 한자를 쓰시오.

본보기 : 道 ↔ (路)

23) 製 ↔ (   )
24) 衣 ↔ (   )

라. 다음의 한자의 부수와 총 획수를 쓰시오.

본보기 : 孝 : (子부, 7획)

25) 變 :   획
26) 極 :   획

마. 다음 한자의 훈음을 쓰시오.

본보기 : 孝 (효도 효)

27) 最 (   )   28) 歲 (   )
29) 眼 (   )   30) 順 (   )
31) 謝 (   )   32) 待 (   )
33) 練 (   )   34) 私 (   )
35) 觀 (   )   36) 旅 (   )
37) 故 (   )   38) 將 (   )
39) 過 (   )   40) 章 (   )
41) 敬 (   )   42) 廣 (   )
43) 健 (   )   44) 端 (   )
45) 郡 (   )   46) 飯 (   )

바. 다음의 단어를 한자로 바꿔 쓰시오.

본보기 : 효도:부모를 잘 섬기는 도리 (孝道)

47) 거사 : 일을 일으킴   (   )
48) 빈약 : 보잘 것이 없음 (   )
49) 호남 : 전라남북도   (   )
50) 진보 : 차차 발달하여 나아감
                          (   )
51) 시찰 : 실시 사정을 돌아다니며 살펴봄
                          (   )

사. 다음 한자어의 뜻을 쓰시오.

본보기 : 孝道 (부모를 잘 섬기는 도리)

52) 移植 (   )
53) 停車 (   )
54) 習性 (   )
55) 惡德 (   )

아. 다음 밑줄친 한자의 독음을 쓰시오.

> 본보기 : 부모님께 <u>孝道</u>를 하자.
> (효도)

56) 아름다운 <u>景致</u>에 감탄사가 절로 나왔다.
( )

57) 중동지역 <u>宗敎</u>분쟁이 항상 심하다.
( )

58) 음식의 <u>香料</u> 때문에 먹을 수가 없다.
( )

59) 외국간 친구에게서 멋진 <u>葉書</u>가 왔다.
( )

60) 할아버지 <u>病勢</u>가 악화되어 걱정이다.
( )

61) 오늘은 야외에서 <u>自然學習</u>하는 날이다.
( )

62) 그 누가 뭐라 해도 <u>獨島</u>는 우리 땅!
( )

63) <u>都市</u>는 복잡하다고 시골로 내려 가셨다.
( )

64) 드디어 나의 <u>進路</u>를 확실히 결정했다.
( )

65) 아버지의 꿈은 <u>田園農場</u>을 갖는 것이다.
( )

자. 다음 물음에 알맞은 답을 쓰시오.

66) 畵의 음과 훈을 두 가지 쓰시오.
① ②

67) 다음 한자의 음과 훈을 쓰시오.
① 盛( ) ② 城( )

68) 眞의 부수로 맞는 것은? ( )
① 七 ② 目 ③ 八 ④ 眞

차. 다음의 뜻에 알맞은 한자성어를 쓰시오.

69) 변명이나 항변할 말이 없음.
( )

70) '쇠귀에 경 읽기'라는 속담과 같음.
( )

카. 다음 훈음에 맞는 한자를 쓰시오.

> 본보기 : 효도 효 (孝)

71) 죽을 사( ) 72) 아침 조( )
73) 형상 형( ) 74) 모름지기수( )
75) 붉을 적( ) 76) 목숨 명( )
77) 어릴 유( ) 78) 이로울리( )
79) 날 비( ) 80) 은 은( )
81) 깃 우( ) 82) 예도 례( )
83) 지탱할지( ) 84) 운전할운( )
85) 누를 황( ) 86) 꽃부리영( )
87) 무거울중( ) 88) 피로울고( )
89) 처음 초( ) 90) 한수 한( )

타. 다음 밑줄친 단어를 한자로 고쳐 쓰시오.

> 본보기 : 부모님께 <u>효도</u>를 하자.
> (孝道)

91) 올 여름에는 꼭 <u>해수욕장</u>에 가고 싶다.
( )

92) 내일 지구의 <u>종말</u>이 올지라도 씨를 뿌리라.
( )

93) 공장에서 <u>특제품</u>을 만들어 시장에 냈다.
( )

94) 수재민을 돕기 위해 <u>기금</u>을 사용했다.
( )

95) <u>신문기사</u>를 보고 헤어진 혈육을 찾았다.
( )

96) 정전이 되어 온 마을이 <u>암흑</u>으로 변했다.
( )

97) 생산력이 <u>증대</u>되어 보너스를 받았다.
( )

98) <u>정신</u>적인 피로가 더 견디기 힘들다.
( )

99) <u>설명</u>을 잘 듣고 물음에 답하시오.
( )

100) 소비가 줄어들자 생산도 <u>감소</u>되었다.
( )

5급   예상문제   8회

대한민국한자자격검정시험   성명 (   )   점수   점

가. 다음 한자어의 독음을 쓰시오.

본보기 : 孝道 (효도)

1) 體力章 (   )   2) 回線 (   )
3) 經穴 (   )   4) 富貴 (   )
5) 對處 (   )   6) 眞談 (   )
7) 忠誠 (   )   8) 競馬 (   )
9) 洋服 (   ) 10) 領海 (   )
11) 料食 (   ) 12) 放送 (   )
13) 星辰 (   ) 14) 低音 (   )
15) 報恩 (   ) 16) 強打 (   )
17) 赤十字 (   ) 18) 支給 (   )
19) 仙女 (   ) 20) 利敵行爲 (   )

나. 다음 한자의 뜻이 상대되는 한자를 쓰시오.

본보기 : 上 ↔ (下)

21)   來   ↔ (   )
22)   發   ↔ (   )

다. 다음 한자의 뜻이 비슷한 한자를 쓰시오.

본보기 : 道 ↔ (路)

23)   極   ↔ (   )
24)   音   ↔ (   )

라. 다음의 한자의 부수와 총 획수를 쓰시오.

본보기 : 孝 : (子부, 7획)

25)   窓 :   획
26)   獨 :   획

마. 다음 한자의 훈음을 쓰시오.

본보기 : 孝 (효도 효)

27) 但 (   )   28) 謝 (   )
29) 客 (   )   30) 眼 (   )
31) 檢 (   )   32) 實 (   )
33) 故 (   )   34) 仕 (   )
35) 共 (   )   36) 婦 (   )
37) 使 (   )   38) 細 (   )
39) 雄 (   )   40) 浴 (   )
41) 助 (   )   42) 易 (   )
43) 精 (   )   44) 傳 (   )
45) 億 (   )   46) 城 (   )

바. 다음의 단어를 한자로 바꿔 쓰시오.

본보기 : 효도:부모를 잘 섬기는 도리 (孝道)

47) 조반 : 아침밥   (   )
48) 반도 : 삼면이 바다로 둘러 쌓인 땅 (   )
49) 택지 : 집터   (   )
50) 녹색 : 푸른색과 누른 색의 중간색
                              (   )
51) 감시 : 잘못되는 일이 있을까 늘 보살핌
                              (   )

사. 다음 한자어의 뜻을 쓰시오.

본보기 : 孝道 (부모를 잘 섬기는 도리)

52) 師表 (   )
53) 練習 (   )
54) 識見 (   )
55) 號數 (   )

아. 다음 밑줄친 한자의 독음을 쓰시오.

| 본보기 : 부모님께 <u>孝道</u>를 하자. |
| (효도) |

56) <u>過去</u>를 거울삼아 미래를 개척하자.
 (   )

57) <u>一片丹心</u>으로 조국광복을 위해 싸웠다.
 (   )

58) <u>歲月</u>이 유수와 같다더니 벌써 늙었다.
 (   )

59) 입산 <u>禁止</u>구역인데도 들어간다.
     (   )

60) 이번 시험성적은 은근히 <u>期待</u>된다.
               (   )

61) 오늘은 사무실 <u>備品</u>을 정리했다.
           (   )

62) 그 병원에는 <u>名醫</u>들만 모인 것 같다.
           (   )

63) 우린 <u>不義</u>에 굴하지 말고 떳떳이 살자.
     (   )

64) <u>夕陽</u> 빛이 너무 아름답다.
 (   )

65) 이 가을에 <u>良書</u>를 많이 읽는 보람을…
       (   )

자. 다음 물음에 알맞은 답을 쓰시오.

66) 讀의 음과 훈을 두 가지 쓰시오.
   ①   ②

67) 다음 한자의 음과 훈을 쓰시오.
   ① 旅 (   ) ② 族 (   )

68) 樂의 부수로 맞는 것은? (   )
   ① 戈   ② 干   ③ 水   ④ 木

차. 다음의 뜻에 알맞은 한자성어를 쓰시오.

69) 바른 길과 큰 원칙을 뜻하는 말.
 (   )

70) 남의 하찮은 언행을 거울삼아 제 품성을
   높이는 교훈으로 삼는다는 뜻 (   )

카. 다음 훈음에 맞는 한자를 쓰시오.

| 본보기 : 효도 효 (孝) |

71) 쌓을 저 (   ) 72) 가죽 피 (   )
73) 할아비조 (   ) 74) 터   기 (   )
75) 붉을 주 (   ) 76) 차례 급 (   )
77) 큰   덕 (   ) 78) 나타날현 (   )
79) 서울 경 (   ) 80) 화목할화 (   )
81) 알릴 고 (   ) 82) 무리 등 (   )
83) 모일 회 (   ) 84) 벌릴 렬 (   )
85) 처음 초 (   ) 86) 매울 신 (   )
87) 이을 대 (   ) 88) 용   용 (   )
89) 오를 등 (   ) 90) 실   사 (   )

타. 다음 밑줄친 단어를 한자로 고쳐 쓰시오.

| 본보기 : 부모님께 <u>효도</u>를 하자. |
| (孝道) |

91) 공장이 <u>정전</u>이 되어서 일을 못했다.
       (   )

92) 친구는 <u>개성</u>이 너무 강하다.
       (   )

93) <u>규격</u>이 맞지 않아서 다시 제작했다.
 (   )

94) 과정이 중요한데도 <u>결과</u>만 중요시한다.
             (   )

95) 모든 사물을 <u>경시</u>하지 말고 정확히 보라.
         (   )

96) 할아버지께서 <u>무공</u> 훈장을 받으셨다.
         (   )

97) 서울<u>대공원</u>에서 즐거운 하루를 보냈다.
     (   )

98) 우리 학교 앞에 <u>육교</u>가 세워졌다.
           (   )

99) <u>기능</u>이 뛰어나다고 장학금을 받게 됐다.
 (   )

100) 일본 <u>역사</u>를 바로 알고 대처해야 한다.
       (   )

●도서출판 지능,신기교육(도서총판 보람도서) 유치원, 어린이집, 학원 전문 학습교재 ●
한글/숫자/받아쓰기/영어/주산/암산/서예/한자/속셈/보습/웅변/글짓기/글쓰기/논술/속독
전화 02-856-4983 / 02-844-7130   휴대폰 010-5250-7130   팩스 02-856-4984

◆ 주산 / 암산 / 수리셈 시리즈	◆ 한글 / 숫자 / 받아쓰기	◆ 한자 / 중국어
주산짱암산짱+기초(개정판) 1, 2, 3	병아리반의 가나다라	급수검정한자교본 8급
주산짱암산짱+기초(종합편)	상, 중, 하, 총정리	급수검정한자교본 7급
주산짱암산짱+주산 10급~1급	병아리반의 하나둘셋	급수검정한자교본 6급
주산짱암산짱+암산 10급~1급	상, 중, 하, 총정리	급수검정한자교본 5급
주산짱암산짱+암산 단급	한글지도 I, II, III	급수검정한자교본 4급
뉴주산수리셈 1~10단계	똘이의 글마당 상, 중, 하(전3권)	급수검정한자교본 4급2
주산급수평가예상문제집 10급~1급	똘이의 글마당 상1, 상2 중1, 중2 하1, 하2(전6권)	급수검정한자교본 3급
주산급수평가예상문제집 단급 A단계,B단계	똘이의 셈마당 상, 중, 하	급수검정한자교본 3급2
주산짱암산짱+호산문제집	한글쓰기 1~3단계	급수검정한자교본 2급
주산짱암산짱+학습장	글셈합본 아름드리 하나~여섯	급수검정한자교본 1급
수리셈 주산입문 1	영재 국어 글동산 1~5단계	비테에 한자여행 1~6
수리셈 주산입문 2	영재 수학 셈동산 1~3단계	급수한자자격 기출예상문제집 8급
수리셈 주산연습문제집 12급~1급, 단급	내친구 한글아 상, 중, 하	급수한자자격 기출예상문제집 7급
수리셈 암산연습문제집 9급~1급, 단급	내친구 한글아 완성편	급수한자자격 기출예상문제집 6급
	한글깨우침 1~6단계	급수한자자격 기출예상문제집 5급
검정시험통합 주산암산문제집 12급~1급	수셈깨우침 1~6단계	◆ 글쓰기 / 논술 / 속독
주산수리셈 보충교재 1, 2	참똑똑한 한글달인 1~6단계	알짜 글쓰기 1~12단계
주산암산경기대회연습문제집 유치부, 1학년, 2학년, 고학년	참똑똑한 수학달인 1~6단계	동화속의 논술여행 A~D 각 1~5
	비테에 한글 1~8단계	동화속의 논술여행 A~D세트 (각 세트 5권)
주산수리셈 기초 1단계, 2단계	비테에 수학 1~8단계	글쓰기왕국 36권
주산수리셈 영문판 1~10단계	비테에 종합커리큘럼 1~6단계	기초, 초급, 중급, 고급 각 1~9
주산 실무지도서	원활동교실 1~6단계	브레인 두뇌속독
주산 실기연습문제집	꿈초롱별초롱 한글쓰기 초급, 중급, 고급	정속독 실기1, 2, 응용 1,2,3
주산교육과 두뇌건강	지혜모아 한글 1~5단계	독서뱅크3
주판 13주(칼라) 23주	해님이 우리글 1~6단계, 마무리	출발! 동화나라 여행
교사용주판 11종	달님이 수놀이 1~6단계, 마무리	◆ 동요 / 동시
◆ 미술 / 창의	받아쓰기 짱 1~4단계	우리 옛시조 감상
피카소는 내친구 1~6단계	한글 받아쓰기 짱 1~4	해맑은 아이들의 동시
미술은 내친구 1~6단계	세종교육	양면벽보
미술이 좋아요 1,2,3	개구쟁이 짱 첫 한글	한글,영어,숫자
미술이 신나요 1,2,3	개구쟁이 짱 첫 수학	한자200자,900자
창의 또래마당 1~4	개구쟁이 짱 한글공부1~6	
	개구쟁이 짱 수학공부1~4	
	개구쟁이 수와셈1~5	
	낱말카드	
	숫자카드	

단계별 학습 교재 세트는 낱권도 판매 가능
유치원, 학교, 학원, 방과후, 공부방 등 단체 공동구매 및 다량 주문시 특별할인판매
표지 및 정가는 홈페이지 쇼핑몰에서 확인하실 수 있습니다.
BORAMBOOK.CO.KR / boram@borambook.co.kr

지능, 신기교육 주산문제
숫자와주판의 만남 상(11급수준)
숫자와주판의 만남 하(10급수준)
숫자와주판의 만남 숙달1단계(7급)
숫자와주판의 만남 숙달2단계(6급)
기초주산교본 상(9급)
기초주산교본 하(8급)
정통주산문제연습장 7급~1급(8절)
◆ 연산 / 보수 / 속셈 문제
(연산) 기초속셈문제 저학년
(연산) 기초속셈문제 고학년
숫자(속셈)공부
숫자공부1(지능정복1단계)
숫자공부2(지능정복2단계)
지능속셈정복 3~12단계
하나둘셋 (속셈문제 1단계)
속셈문제연습 2~13단계
지능 시계공부
◆ 영어 첫걸음 / 회화 / 영문법
영어회화 1~2
어린이영어 첫걸음, 1, 2, 3단계
패스 기초 영문법
별님이 영어 1, 2, 3단계
영어룰 한글같이발음첫걸음1,2
기초 영문법
문학 월간지, 계간지
좋은문학 월간지(년간 12권)
좋은문학 동인집 1~6집
좋은문학 계간지
한국문학 계간지
오은문학 계간지(봄,여름,가을,겨울)
기타 / 단행본
손유희로 꾸며본 성경이야기
손유희 성경이야기 Tape
손유희 창작구연동화
손유희 창작구연동화 Tape
말거리 365 웅변원고
천재여 일어나라
컴퓨터 한자사전 (CD포함)
미용학 사전
헤어 어드벤처
세계를 품은 아이
- 기타 단행본 안내 - 각종출판사 약 1,000종

푸른잔디 출판사
연간 프로그램 단계별 언어인지 10권/수리탐구10권
러닝 투게더 병아리반
러닝 투게더 영아반
러닝 투게더 유아반
러닝 투게더 유치반
연간 프로그램 (단계별 의사소통, 수리탐구, 자연탐구, 사회탐구, 그리고색칠하기, 오리고만들기, 한자 등)
키우미 채우미 영아반
키우미 채우미 유아반
키우미 채우미 유치반
월간 프로그램 (단계별 한글 20권, 수학 20권)
아이러브 시리즈 A단계
아이러브 시리즈 B단계
아이러브 시리즈 C단계
아이러브 시리즈 D단계
단계별 프로그램
스토리텔링 학습으로 배우는 한글캠프 1~7권, 1학년
스토리텔링 학습으로 배우는 수학캠프 1~7권, 1학년
푸른한글 1~7단계
푸른수학 1~7단계
봉봉 드로잉북 1~6권
푸른잔디 미술
러닝 투게더 미술 초급 4권
러닝 투게더 미술 중급 4권
러닝 투게더 미술 고급 4권
프뢰벨의 가베
러닝 투게더 프뢰벨의 가베 A단계 10권
러닝 투게더 프뢰벨의 가베 B단계 10권
러닝 투게더 프뢰벨의 가베 C단계 10권
러닝 투게더 프뢰벨의 가베 D단계 10권

시집
당신이 그리우면 산에 올라(이영환)
솔 모루의 봄(홍현서)
촛불(정용규)
은혜 속에 피어난 꽃(이도영 1집)
고난 속에 핀 꽃(이도영 2집)
아름다운 사회 글과 시(김기호)
문인들의 밥솥(이정희 1집, 2집)
천국소망(이도영 3집)
사랑과 은혜(이도영 4집)
사랑 나눔(이도영 5집)
공갈못(공검지)(최용식)
별 밤에 피어난 꽃(조복수)
낙원(문쾌수)
또 하나의 사랑으로(조순화)
신데렐라 동시집(이도영)
인생여정 황홀한 노을을 걷다 (강충구)
마음으로 읽고 가슴으로 말한다 (김상문)
이슬은 꽃이 되다(이도영)
단풍이 곱던 날(김복임 수필)
왜 그들은 변하지 않는가?(이요나)
장곡산 메아리(서병진)
내 마음의 풍금 소리(한춘상)
그리움은 시가 되어(이도영)
바다가 되어(조화훈)
그대 머물고 간 자리(안경애)
나는 이렇게 산다(조철수)
삶은 시의 날개를 달고(이도영)
그대를 위하여(조화훈)
하얀 화선지(정일영)
바람에 피어난 꽃(조복수)
사전 (졸업선물)
정통 초등학교 새국어사전
초등학교 새영어사전
도감 (졸업선물)
아! 꽃이다
아! 공룡이다
화훼 학습자료
어린이 동물도감
도서출판 매일,창

5급 예상문제 9회

대한민국한자자격검정시험   성명 (   )   점수   점

가. 다음 한자어의 독음을 쓰시오.

본보기 : 孝道 (효도)

1) 熱處理 (   ) 2) 結果 (   )
3) 反省 (   ) 4) 課外 (   )
5) 手巾 (   ) 6) 戶數 (   )
7) 良藥 (   ) 8) 詩人 (   )
9) 五感 (   ) 10) 家電製品 (   )
11) 增加 (   ) 12) 共用 (   )
13) 原因 (   ) 14) 老弱者 (   )
15) 英語 (   ) 16) 若干 (   )
17) 新綠 (   ) 18) 便器 (   )
19) 香辛料 (   ) 20) 君臣有義 (   )

나. 다음 한자의 뜻이 상대되는 한자를 쓰시오.

본보기 : 上 ↔ (下)

21) 主 ↔ (   )
22) 師 ↔ (   )

다. 다음 한자의 뜻이 비슷한 한자를 쓰시오.

본보기 : 道 ↔ (路)

23) 協 ↔ (   )
24) 終 ↔ (   )

라. 다음의 한자의 부수와 총 획수를 쓰시오.

본보기 : 孝 : (子부, 7획)

25) 惡 :   획
26) 健 :   획

마. 다음 한자의 훈음을 쓰시오.

본보기 : 孝 (효도 효)

27) 致 (   ) 28) 聖 (   )
29) 最 (   ) 30) 敬 (   )
31) 貧 (   ) 32) 歷 (   )
33) 固 (   ) 34) 觀 (   )
35) 謝 (   ) 36) 野 (   )
37) 變 (   ) 38) 視 (   )
39) 救 (   ) 40) 是 (   )
41) 說 (   ) 42) 識 (   )
43) 餘 (   ) 44) 鐵 (   )
45) 低 (   ) 46) 屋 (   )

바. 다음의 단어를 한자로 바꿔 쓰시오.

본보기 : 효도:부모를 잘 섬기는 도리 (孝道)

47) 방류 : 흘려 보냄 (   )
48) 덕망 : 덕이 높고 인망이 있음 (   )
49) 건물 : 집 따위 등 세운 물건 (   )
50) 단오 : 음력 오월 초닷샛날의 명절
(   )
51) 군민 : 그 고을에 사는 사람들 (   )

사. 다음 한자어의 뜻을 쓰시오.

본보기 : 孝道 (부모를 잘 섬기는 도리)

52) 單番 (   )
53) 給食 (   )
54) 回線 (   )
55) 雄志 (   )

아. 다음 밑줄친 한자의 독음을 쓰시오.

> 본보기 : 부모님께 <u>孝道</u>를 하자.
> (효도)

56) 우리 삼촌은 육군 <u>將校</u>로 복무중이다.
( )
57) <u>選擧</u>에서 누가 당선될지 예측하기 힘들다.
( )
58) 목련이 <u>滿開</u>하니 너무나 아름답다.
( )
59) 수학시간에 <u>對角線</u>에 대해서 배웠다.
( )
60) 양계장에서 <u>無精卵</u>을 사 가지고 오셨다.
( )
61) 갑자기 얼음이 필요해서 <u>急冷</u>시켰다.
( )
62) <u>兩親</u>이 다 계신다는 게 큰 행복입니다.
( )
63) 말로만 듣던 <u>萬里長城</u>에 다녀왔다.
( )
64) 단소 <u>練習</u>을 많이 했더니 조금 불어진다.
( )
65) 선생님과 함께 <u>展示場</u>에 다녀왔다.
( )

자. 다음 물음에 알맞은 답을 쓰시오.
66) 宅의 음과 훈을 두 가지 쓰시오.
① ②
67) 다음 한자의 음과 훈을 쓰시오.
① 小 ( ) ② 少 ( )
68) 聲의 부수로 맞는 것은? ( )
① 耳 ② 殳 ③ 士 ④ 巴

차. 다음의 뜻에 알맞은 한자성어를 쓰시오.
69) 날로 달로 끊임없이 진보·발전함의 뜻.
( )
70) 아무리 가르치고 일러주어도 알아듣지 못한다는 뜻. ( )

카. 다음 훈음에 맞는 한자를 쓰시오.

> 본보기 : 효도 효 (孝)

71) 허물 죄 ( ) 72) 법칙 칙 ( )
73) 재주 예 ( ) 74) 이 치 ( )
75) 맑을 청 ( ) 76) 심을 식 ( )
77) 완전할 완 ( ) 78) 넷째천간 정 ( )
79) 장사 상 ( ) 80) 일할 로 ( )
81) 오얏 리 ( ) 82) 알 지 ( )
83) 쉴 휴 ( ) 84) 코 비 ( )
85) 범 호 ( ) 86) 말이을 이 ( )
87) 배 주 ( ) 88) 다행 행 ( )
89) 가지런할 제 ( ) 90) 가늘 세 ( )

타. 다음 밑줄친 단어를 한자로 고쳐 쓰시오.

> 본보기 : 부모님께 <u>효도</u>를 하자.
> (孝道)

91) 산 속으로 들어갈수록 점입<u>가경</u>이다.
( )
92) 어머니는 매주 한번씩 <u>교양</u>강좌에 나간다.
( )
93) 드디어 북한과 <u>교역</u>의 길이 틔었다.
( )
94) 아직도 <u>무력</u>통일의 야욕을 버리지 않는다.
( )
95) 이번 주 여행지를 표결로 <u>결정</u>하자.
( )
96) <u>구비</u> 조건이 맞아야 사원을 채용한다.
( )
97) <u>문구</u>가 왠지 어색한 것 같아 고민이다.
( )
98) <u>복덕방</u>이 없어지고 부동산 중개소가 있다.
( )
99) <u>낙도</u> 어린이들을 초청하여 관광을 시켰다.
( )
100) 난 <u>가곡</u> 중에서 '선구자'를 좋아한다.
( )

5급 예상문제 10회

대한민국한자자격검정시험 성명 (   ) 점수   점

가. 다음 한자어의 독음을 쓰시오.

본보기 : 孝道 (효도)

1) 登記所(   )   2) 念頭(   )
3) 形體(   )   4) 多幸(   )
5) 單線(   )   6) 陰陽(   )
7) 暗去來(   )   8) 藥師(   )
9) 料理(   )   10) 便利(   )
11) 近方(   )   12) 次元(   )
13) 部首(   )   14) 願書(   )
15) 數學(   )   16) 罪惡(   )
17) 立春大吉(   ) 18) 宇宙基地(   )
19) 田園小說(   ) 20) 必須科目(   )

나. 다음 한자의 뜻이 상대되는 한자를 쓰시오.

본보기 : 上 ↔ (下)

21) 初 ↔ (   )
22) 功 ↔ (   )

다. 다음 한자의 뜻이 비슷한 한자를 쓰시오.

본보기 : 道 ↔ (路)

23) 談 ↔ (   )
24) 恩 ↔ (   )

라. 다음의 한자의 부수와 총 획수를 쓰시오.

본보기 : 孝 : (子부, 7획)

25) 尙 :   획
26) 婦 :   획

마. 다음 한자의 훈음을 쓰시오.

본보기 : 孝 (효도 효)

27) 湖 (   )   28) 庭 (   )
29) 亥 (   )   30) 豊 (   )
31) 製 (   )   32) 將 (   )
33) 變 (   )   34) 致 (   )
35) 建 (   )   36) 祝 (   )
37) 端 (   )   38) 備 (   )
39) 量 (   )   40) 保 (   )
41) 使 (   )   42) 星 (   )
43) 橋 (   )   44) 勉 (   )
45) 求 (   )   46) 免 (   )

바. 다음의 단어를 한자로 바꿔 쓰시오.

본보기 : 효도:부모를 잘 섬기는 도리(孝道)

47) 독주 : 혼자 달림   (   )
48) 성경 : 종교의 최고 법전이 되는 책
           (   )
49) 전설 : 옛부터 내려오는 이야기 (   )
50) 부강 : 나라가 부하고 강함 (   )
51) 기구 : 그릇 . 세간   (   )

사. 다음 한자어의 뜻을 쓰시오.

본보기 : 孝道 (부모를 잘 섬기는 도리)

52) 格言 (   )
53) 決死 (   )
54) 觀客 (   )
55) 渴望 (   )

아. 다음 밑줄친 한자의 독음을 쓰시오.

> 본보기 : 부모님께 <u>孝道</u>를 하자.
> (효도)

56) 축구하다 <u>窓門</u>을 깨뜨렸다.
( )

57) 부모가 <u>敬語</u>를 쓰면 자녀들이 본받는다.
( )

58) 부모님께 <u>貴重</u>한 선물을 받았다.
( )

59) 팬들의 <u>熱氣</u>가 대단하여 할말이 없다.
( )

60) 그의 작품은 <u>個性</u>이 강하게 표현된다.
( )

61) 꼭 수능시험 날에는 <u>溫度</u>가 급강하한다.
( )

62) <u>精神</u>을 집중하면 못할 일이 없다.
( )

63) 남매가 나란히 <u>行政官</u> 시험에 합격했다.
( )

64) <u>意志</u>가 강하면 어떤 일도 해낼 수 있다.
( )

65) <u>萬古風霜</u>에도 굴하지 않는 자연을 보라.
( )

자. 다음 물음에 알맞은 답을 쓰시오.

66) 辰의 음과 훈을 두 가지 쓰시오.
① ②

67) 다음 한자의 음과 훈을 쓰시오.
① 果( ) ② 課( )

68) 鐵의 부수로 맞는 것은? ( )
① 戈 ② 玉 ③ 金 ④ 土

차. 다음의 뜻에 알맞은 한자성어를 쓰시오.

69) 풀을 엮어서 은혜를 갚는다는 뜻으로 죽어서도 잊지 않고 은혜를 갚는다는 말
( )

70) 입이 있어도 할 말이 없다. 즉 변명할 말이 없다는 뜻. ( )

카. 다음 훈음에 맞는 한자를 쓰시오.

> 본보기 : 효도 효 (孝)

71) 검을 현( ) 72) 은 은( )
73) 사례할사( ) 74) 길 로( )
75) 차례 제( ) 76) 공변될공( )
77) 미칠 급( ) 78) 그림 도( )
79) 구할 구( ) 80) 노래 가( )
81) 알릴 고( ) 82) 펼 신( )
83) 살 활( ) 84) 겨레 족( )
85) 이를 지( ) 86) 말 물( )
87) 대답할답( ) 88) 자리 위( )
89) 처음 초( ) 90) 살필 성( )

타. 다음 밑줄친 단어를 한자로 고쳐 쓰시오.

> 본보기 : 부모님께 <u>효도</u>를 하자.
> (孝道)

91) 온 가족이 미국으로 <u>이주</u>했다.
( )

92) 그는 성격이 <u>온순</u>하지만 의지는 강하다.
( )

93) 오랫만에 친구에게 반가운 <u>전화</u>를 받았다.
( )

94) 항상 <u>성실</u>한 자세로 열심히 살자.
( )

95) 시험<u>기간</u>이 며칠 남지 않아 초조하다.
( )

96) 서로 양보하여 화목한 <u>가정</u>을 만들자.
( )

97) <u>예능</u>에 소질을 보이더니 결국 성공했구나!
( )

98) 내가 보낸 <u>엽서</u>가 방송에 소개되었다.
( )

99) 작은아버지는 <u>해운업</u>에 종사하신다.
( )

100) 그 친구는 <u>속담</u>을 많이 알아 인기있다.
( )

5급 예 상 문 제 11회

대한민국한자자격검정시험   성명 (   )   점수   점

가. 다음 한자어의 독음을 쓰시오.

본보기 : 孝道 (효도)

1) 視力 (   )   2) 意志 (   )
3) 部門 (   )   4) 落葉 (   )
5) 獨特 (   )   6) 禁止 (   )
7) 願書 (   )   8) 眼科 (   )
9) 健全 (   )   10) 卒業 (   )
11) 誠實 (   )   12) 選手 (   )
13) 具備 (   )   14) 實施 (   )
15) 豊足 (   )   16) 戰爭 (   )
17) 改名 (   )   18) 年歲 (   )
19) 結成 (   )   20) 報道 (   )

나. 다음 한자의 뜻이 상대되는 한자를 쓰시오.

본보기 : 上 ↔ (下)

21) 增 ↔ (   )
22) 富 ↔ (   )

다. 다음 한자의 뜻이 비슷한 한자를 쓰시오.

본보기 : 道 ↔ (路)

23) 視 ↔ (   )
24) 處 ↔ (   )

라. 다음의 한자의 부수와 총 획수를 쓰시오.

본보기 : 孝 : (子부, 7획)

25) 藝 :   획
26) 曾 :   획

마. 다음 한자의 훈음을 쓰시오.

본보기 : 孝 (효도 효)

27) 客 (   )   28) 景 (   )
29) 畵 (   )   30) 敗 (   )
31) 擧 (   )   32) 松 (   )
33) 湖 (   )   34) 統 (   )
35) 建 (   )   36) 故 (   )
37) 協 (   )   38) 宅 (   )
39) 檢 (   )   40) 共 (   )
41) 亥 (   )   42) 打 (   )
43) 決 (   )   44) 果 (   )
45) 閉 (   )   46) 忠 (   )

바. 다음의 단어를 한자로 바꿔 쓰시오.

본보기 : 효도:부모를 잘 섬기는 도리 (孝道)

47) 경력 : 겪어 지내온 일들 (   )
48) 과거 : 이미 지나간 때 (   )
49) 사용 : 물건을 씀 (   )
50) 허용 : 허락함 (   )
51) 고정 : 한 곳에 꽉 자리잡아 바뀌지 않음 (   )

사. 다음 한자어의 뜻을 쓰시오.

본보기 : 孝道 (부모를 잘 섬기는 도리)

52) 眞談 (   )
53) 展開 (   )
54) 旅路 (   )
55) 限定 (   )

아. 다음 밑줄친 한자의 독음을 쓰시오.

> 본보기 : 부모님께 孝道를 하자.
> (효도)

56) 귀한 손님인데 接待를 소홀히 하다니…
 ( )
57) 個性이 강한 사람들이 모이니 재미있다.
 ( )
58) 편지봉투는 規格봉투를 이용해야 한다.
 ( )
59) 이번 競技는 일방적 공격으로 승리했다.
 ( )
60) 練習을 많이 해야 실전에서 좋은 결과!
 ( )
61) 교회에서 내일 聖歌 연습을 한다.
 ( )
62) 부모님 恩惠는 하늘과 땅과 같도다.
 ( )
63) 나는 자유의 나라에 가기를 渴望합니다.
 ( )
64) 유학가는 친구를 傳送하고 돌아왔다.
 ( )
65) 쉬지 않고 걷는 자만이 前進할 수 있다.
 ( )

자. 다음 물음에 알맞은 답을 쓰시오.

66) 便의 음과 훈을 두 가지 쓰시오.
 ① ②
67) 다음 한자의 음과 훈을 쓰시오.
 ① 買( ) ② 賣( )
68) 歷의 부수로 맞는 것은? ( )
 ① 厂 ② 禾 ③ 止 ④ 歷

차. 다음의 뜻에 알맞은 한자성어를 쓰시오.

69) 쌍방이 다투는 틈을 타서 제삼자가 애쓰지 않고 가로챈 이득. ( )
70) 남의 비위에 맞도록 꾸민 달콤한 말과 이로운 조건을 내세워 꾀는 말
 ( )

카. 다음 훈음에 맞는 한자를 쓰시오.

> 본보기 : 효도 효 (孝)

71) 아름다울 가 ( ) 72) 반드시 필 ( )
73) 가르칠 훈 ( ) 74) 다시 갱 ( )
75) 이야기 화 ( ) 76) 베 포 ( )
77) 각각 각 ( ) 78) 지경 계 ( )
79) 화목할 화 ( ) 80) 평평할 평 ( )
81) 볼 간 ( ) 82) 괴로울 고 ( )
83) 나타날 현 ( ) 84) 클 태 ( )
85) 굳셀 강 ( ) 86) 알릴 고 ( )
87) 다행 행 ( ) 88) 몸 체 ( )
89) 클 거 ( ) 90) 굽을 곡 ( )

타. 다음 밑줄친 단어를 한자로 고쳐 쓰시오.

> 본보기 : 부모님께 효도를 하자.
> (孝道)

91) 종친들이 모여 족보 편찬을 의논했다.
 ( )
92) 경례를 할 때는 참된 마음으로 하세요.
 ( )
93) 습득한 물건은 경찰서에 신고합시다.
 ( )
94) 경기불황으로 단행본 출판이 줄어들었다.
 ( )
95) 이 난로는 열량이 높아 아주 좋다.
 ( )
96) 약사들이 모여 데모를 하니 가관이다.
 ( )
97) 답안지는 반드시 검정색 볼펜을 쓰시오.
 ( )
98) 생각한 것이 고차원이라 대화가 안 된다.
 ( )
99) 성실하다는 것은 최대의 재산이다.
 ( )
100) 넉넉한 생활을 하려면 열심히 일해라.
 ( )

5급 예상문제 12회

대한민국한자자격검정시험　　성명 (　　　)　　점수　　점

가. 다음 한자어의 독음을 쓰시오.

본보기 : 孝道 (효도)

1) 歷史 (　　)　　2) 回答 (　　)
3) 地下鐵 (　　)　　4) 變化 (　　)
5) 統一 (　　)　　6) 祝福 (　　)
7) 競試 (　　)　　8) 漁夫 (　　)
9) 規則 (　　)　　10) 保溫 (　　)
11) 交通 (　　)　　12) 許可 (　　)
13) 平和 (　　)　　14) 宗孫 (　　)
15) 音聲 (　　)　　16) 謝過 (　　)
17) 英雄 (　　)　　18) 冷氣 (　　)
19) 勢道家 (　　)　　20) 所願 (　　)

나. 다음 한자의 뜻이 상대되는 한자를 쓰시오.

본보기 : 上 ↔ (下)

21) 輕 ↔ (　　　)
22) 功 ↔ (　　　)

다. 다음 한자의 뜻이 비슷한 한자를 쓰시오.

본보기 : 道 ↔ (路)

23) 曾 ↔ (　　　)
24) 具 ↔ (　　　)

라. 다음의 한자의 부수와 총 획수를 쓰시오.

본보기 : 孝 : (子부, 7획)

25) 量 :　　　획
26) 聖 :　　　획

마. 다음 한자의 훈음을 쓰시오.

본보기 : 孝 (효도 효)

27) 觀 (　　)　　28) 郡 (　　)
29) 最 (　　)　　30) 罪 (　　)
31) 官 (　　)　　32) 貴 (　　)
33) 處 (　　)　　34) 助 (　　)
35) 廣 (　　)　　36) 極 (　　)
37) 窓 (　　)　　38) 題 (　　)
39) 橋 (　　)　　40) 給 (　　)
41) 眞 (　　)　　42) 製 (　　)
43) 救 (　　)　　44) 器 (　　)
45) 增 (　　)　　46) 精 (　　)

바. 다음의 단어를 한자로 바꿔 쓰시오.

본보기 : 효도:부모를 잘 섬기는 도리 (孝道)

47) 금물 : 마땅히 해서는 안될 행동
　　　　(　　　　　)
48) 진보 : 차차 발달하여 나감 (　　)
49) 면학 : 학업에 힘씀 (　　)
50) 선정 : 골라서 정함 (　　)
51) 경로 : 노인을 공경함 (　　)

사. 다음 한자어의 뜻을 쓰시오.

본보기 : 孝道 (부모를 잘 섬기는 도리)

52) 課業 (　　　　　)
53) 誠意 (　　　　　)
54) 畵筆 (　　　　　)
55) 格言 (　　　　　)

아. 다음 밑줄친 한자의 독음을 쓰시오.

본보기 : 부모님께 孝道를 하자.
(효도)

56) 온갖 風霜을 참고 이겨내신 어머님…
( )
57) 서로 元祖라고 선전하니 진짜는 어디야?
( )
58) 작년부터 暗雲이 드리우기 시작하더니…
( )
59) 祭禮는 지극한 정성으로 모셔야 한다.
( )
60) 상정된 案件을 심의해주시기 바랍니다.
( )
61) 은행에서 番號표를 뽑아 차례를 기다렸다.
( )
62) 손님 接待는 공손하고 극진하게 해라.
( )
63) 이번 展示된 상품은 가짜가 많았다.
( )
64) 이번 사건의 終決은 서두른 느낌이 든다.
( )
65) 일손이 부족할 때 協同하면 손쉽다.
( )

자. 다음 물음에 알맞은 답을 쓰시오.
66) 說의 음과 훈을 두 가지 쓰시오.
① ②
67) 다음 한자의 음과 훈을 쓰시오.
① 恩 ( ) ② 思 ( )
68) 服의 부수로 맞는 것은? ( )
① 又   ② 及   ③ 月   ④ 服

차. 다음의 뜻에 알맞은 한자성어를 쓰시오.
69) 사람을 업신여기고 교만함을 뜻함.
( )
70) 불행이 엎친 데 덮쳐 일어남.
( )

카. 다음 훈음에 맞는 한자를 쓰시오.

본보기 : 효도 효 (孝)

71) 그   기 ( )   72) 마땅할당 ( )
73) 맑을 청 ( )   74) 뜻 지 ( )
75) 터   기 ( )   76) 큰   덕 ( )
77) 꾸짖을책 ( )   78) 집 주 ( )
79) 길할 길 ( )   80) 그림 도 ( )
81) 곳집 창 ( )   82) 낮 주 ( )
83) 농사 농 ( )   84) 법도 도 ( )
85) 붙을 착 ( )   86) 붉을 주 ( )
87) 능할 능 ( )   88) 읽을 독 ( )
89) 종이 지 ( )   90) 겨레 족 ( )

타. 다음 밑줄친 단어를 한자로 고쳐 쓰시오.

본보기 : 부모님께 효도를 하자.
(孝道)

91) 유치원마다 원아모집이라고 써 붙였다.
( )
92) 원료를 수입하는데도 낭비가 심하다.
( )
93) 이웃간에 왕래가 없으니 서로 서먹할 밖에
( )
94) 경찰은 폭력범 일제 검거에 들어갔다.
( )
95) 국민의 여망에 부응하기 위해 노력한다.
( )
96) 인생은 순리대로 사는 것이 가치가 있다.
( )
97) 대통령의 국정 수행 능력은 뛰어나다.
( )
98) 이 제도가 시행된 지 일년이 지났다.
( )
99) 부모님 연세를 모르는 사람이 있을까?
( )
100) 즉시 상부에 보고해 주기 바랍니다.
( )

5급 예상문제 13회

대한민국한자자격검정시험   성명(   )   점수   점

가. 다음 한자어의 독음을 쓰시오.

본보기 : 孝道（효도）

1) 誠實(   )   2) 限定(   )
3) 漢藥(   )   4) 特色(   )
5) 感氣(   )   6) 檢事(   )
7) 敎育(   )   8) 武器(   )
9) 施賞(   )   10) 助言(   )
11) 放送(   )   12) 最終(   )
13) 製鐵(   )   14) 次期(   )
15) 德望(   )   16) 祝願(   )
17) 至當(   )   18) 聲樂(   )
19) 食單(   )   20) 主婦(   )

나. 다음 한자의 뜻이 상대되는 한자를 쓰시오.

본보기 : 上 ↔ （下）

21) 善 ↔ （   ）
22) 暗 ↔ （   ）

다. 다음 한자의 뜻이 비슷한 한자를 쓰시오.

본보기 : 道 ↔ （路）

23) 加 ↔ （   ）
24) 恩 ↔ （   ）

라. 다음의 한자의 부수와 총 획수를 쓰시오.

본보기 : 孝 : (子부, 7획)

25) 窓 :   획
26) 易 :   획

마. 다음 한자의 훈음을 쓰시오.

본보기 : 孝（효도 효）

27) 丹（   ）   28) 獨（   ）
29) 政（   ）   30) 戰（   ）
31) 但（   ）   32) 量（   ）
33) 停（   ）   34) 貯（   ）
35) 談（   ）   36) 兩（   ）
37) 接（   ）   38) 將（   ）
39) 島（   ）   40) 歷（   ）
41) 傳（   ）   42) 以（   ）
43) 待（   ）   44) 練（   ）
45) 展（   ）   46) 義（   ）

바. 다음의 단어를 한자로 바꿔 쓰시오.

본보기 : 효도:부모를 잘 섬기는 도리(孝道)

47) 처세 : 이 세상에서 살아감 (   )
48) 의서 : 의학에 관한 서적 (   )
49) 허용 : 허락함 (   )
50) 왕래 : 가고 옴 (   )
51) 경시 : 가볍게 여김 (   )

사. 다음 한자어의 뜻을 쓰시오.

본보기 : 孝道 (부모를 잘 섬기는 도리)

52) 念頭 (   )
53) 喪服 (   )
54) 題目 (   )
55) 勉學 (   )

아. 다음 밑줄친 한자의 독음을 쓰시오.

본보기 : 부모님께 <u>孝道</u>를 하자.
(효도)

56) <u>單面</u>만 보고 전체를 파악할 수는 없다.
( )

57) 기차 <u>發着</u> 시간을 미리 알아 놓아라.
( )

58) 아무리 어려워도 <u>極端</u>적인 생각은 말라.
( )

59) <u>豊盛</u>한 가을을 맞이하여 인사 여쭙니다.
( )

60) <u>號令</u>소리에 놀라 잠에서 깨어났다.
( )

61) 지금은 <u>貧弱</u>하지만 믿고 도와주십시오.
( )

62) 대한의 국군은 천하 <u>無敵</u>으로 성장했다.
( )

63) 이번 기회에 전국 <u>支部</u>를 순방해야겠다.
( )

64) 거북이와 토끼의 <u>競走</u>에서 누가이길까?
( )

65) <u>滿天下</u>에 고하노니!
( )

자. 다음 물음에 알맞은 답을 쓰시오.

66) 便의 음과 훈을 두 가지 쓰시오.
  ①   ②

67) 다음 한자의 음과 훈을 쓰시오.
  ① 建 (   ) ② 健 (   )

68) 勢의 부수로 맞는 것은? (   )
  ① 土   ② 力   ③ 丸   ④ 勢

차. 다음의 뜻에 알맞은 한자성어를 쓰시오.

69) 말이 조금도 조리가 닿지 않음.
( )

70) 사람이 본디부터 타고난 심성을 뜻함.
( )

카. 다음 훈음에 맞는 한자를 쓰시오.

본보기 : 효도 효 (孝)

71) 떨어질 락 (   ) 72) 길   로 (   )
73) 마루 종 (   ) 74) 다툴 쟁 (   )
75) 좋을 량 (   ) 76) 일할 로 (   )
77) 겨레 족 (   ) 78) 마당 장 (   )
79) 벌릴 렬 (   ) 80) 집   옥 (   )
81) 할아비조 (   ) 82) 지을 작 (   )
83) 하여금령 (   ) 84) 일만 만 (   )
85) 차례 제 (   ) 86) 뜻   의 (   )
87) 예도 례 (   ) 88) 끝   말 (   )
89) 번개 전 (   ) 90) 은   은 (   )

타. 다음 밑줄친 단어를 한자로 고쳐 쓰시오.

본보기 : 부모님께 <u>효도</u>를 하자.
(孝道)

91) <u>개폐</u> 장치가 고장나서 대형사고가 났다.
( )

92) <u>문장</u>은 이태백이요. 필법은 왕희지라!
( )

93) <u>고저</u> 장단을 잘 맞춰 다시 한번 쳐봅시다.
( )

94) 풍경화를 그릴 때는 <u>원근</u> 처리가 중요하다.
( )

95) <u>인과</u> 응보라. 선을 행하면 복을 받으리.
( )

96) 어르신 올해 <u>춘추</u>가 어떻게 되시는지요?
( )

97) <u>공과</u>를 따지기 전에 원인부터 밝혀라.
( )

98) 불문 <u>곡직</u>하고 매부터 때리는데….
( )

99) 중학생이 되었으니 <u>변화</u>된 모습을 보이자.
( )

100) <u>연세</u>가 많으신 분을 보면 인사합시다.
( )

5급 예상문제 14회

대한민국한자자격검정시험 성명 (   ) 점수   점

가. 다음 한자어의 독음을 쓰시오.

> 본보기 : 孝道 (효도)

1) 停電(　　)　　2) 良書(　　)
3) 歷史(　　)　　4) 夕陽(　　)
5) 技能(　　)　　6) 不義(　　)
7) 陸橋(　　)　　8) 名醫(　　)
9) 公園(　　)　　10) 備品(　　)
11) 武功(　　)　　12) 期待(　　)
13) 輕視(　　)　　14) 禁止(　　)
15) 結果(　　)　　16) 歲月(　　)
17) 規格(　　)　　18) 丹心(　　)
19) 個性(　　)　　20) 過去(　　)

나. 다음 한자의 뜻이 상대되는 한자를 쓰시오.

> 본보기 : 上 ↔ (下)

21) 去 ↔ (　　)
22) 着 ↔ (　　)

다. 다음 한자의 뜻이 비슷한 한자를 쓰시오.

> 본보기 : 道 ↔ (路)

23) 極 ↔ (　　)
24) 聲 ↔ (　　)

라. 다음의 한자의 부수와 총 획수를 쓰시오.

> 본보기 : 孝 : (子부, 7획)

25) 實 :　　　　획
26) 雄 :　　　　획

마. 다음 한자의 훈음을 쓰시오.

> 본보기 : 孝 (효도 효)

27) 滿 (　　)　　28) 買 (　　)
29) 陰 (　　)　　30) 藝 (　　)
31) 望 (　　)　　32) 味 (　　)
33) 願 (　　)　　34) 葉 (　　)
35) 勉 (　　)　　36) 佛 (　　)
37) 雲 (　　)　　38) 熱 (　　)
39) 變 (　　)　　40) 房 (　　)
41) 容 (　　)　　42) 餘 (　　)
43) 賣 (　　)　　44) 保 (　　)
45) 屋 (　　)　　46) 如 (　　)

바. 다음의 단어를 한자로 바꿔 쓰시오.

> 본보기 : 효도:부모를 잘 섬기는 도리(**孝道**)

47) 호수 : 번호의 수효　(　　　　)
48) 택지 : 집터　(　　　　)
49) 연습 : 자꾸 되풀이하여 익힘
　　　　(　　　　)
50) 관객 : 구경꾼　(　　　　)
51) 식견 : 사물을 관찰하고 식별하는 능력
　　　　(　　　　)

사. 다음 한자어의 뜻을 쓰시오.

> 본보기 : 孝道 (부모를 잘 섬기는 도리)

52) 朝飯 (　　　　)
53) 半島 (　　　　)
54) 綠色 (　　　　)
55) 監視 (　　　　)

아. 다음 밑줄친 한자의 독음을 쓰시오.

> 본보기 : 부모님께 <u>孝道</u>를 하자.
> (효도)

56) <u>體力</u>은 국력이다.
( )

57) 상황에 <u>對處</u>한 능력이 뛰어나다.
( )

58) 국가에 <u>忠誠</u>, 부모에 효도, 자신에 성실.
( )

59) <u>洋服</u>이 세계적인 옷이 되었듯이….
( )

60) <u>料食</u> 업체에 근무하는 친구를 만났다.
( )

61) <u>日月星辰</u>이 빛나는 한 우리의 사랑도 …
( )

62) 동물도 <u>報恩</u>할 줄 알거늘 하물며….
( )

63) <u>赤十字</u> 단원으로 북한을 방문했다.
( )

64) <u>仙女</u>와 나뭇꾼에서 얻은 교훈을 말하라.
( )

65) <u>經穴</u>에 침을 맞았더니 통증이 사라졌다.
( )

자. 다음 물음에 알맞은 답을 쓰시오.
66) 更의 음과 훈을 두 가지 쓰시오.
① ②

67) 다음 한자의 음과 훈을 쓰시오.
① 族( ) ② 旅( )

68) 實의 부수로 맞는 것은? ( )
① 宀 ② 貝 ③ 毋 ④ 貫

차. 다음의 뜻에 알맞은 한자성어를 쓰시오.
69) 남의 하찮은 언행을 거울삼아 제 품성을 높이는 교훈으로 삼는다는 뜻
( )

70) 바른 길과 큰 원칙을 뜻하는 말.
( )

카. 다음 훈음에 맞는 한자를 쓰시오.

> 본보기 : 효도 효 (孝)

71) 망할 망 ( ) 72) 물건 물 ( )
73) 자리 위 ( ) 74) 따뜻할 온 ( )
75) 매양 매 ( ) 76) 아름다울 미 ( )
77) 으뜸 원 ( ) 78) 꽃부리 영 ( )
79) 목숨 명 ( ) 80) 돌이킬 반 ( )
81) 운전할 운 ( ) 82) 길 영 ( )
83) 들을 문 ( ) 84) 차례 번 ( )
85) 집 우 ( ) 86) 그럴 연 ( )
87) 말 물 ( ) 88) 법 법 ( )
89) 완전할 완 ( ) 90) 업 업 ( )

타. 다음 밑줄친 단어를 한자로 고쳐 쓰시오.

> 본보기 : 부모님께 <u>효도</u>를 하자.
> (孝道)

91) 네 <u>행위</u>는 이유야 어떻든 용서할 수 없다.
( )

92) 이 금액을 <u>지급</u>해 주시기 바랍니다.
( )

93) 상대방에게 <u>강타</u>를 날렸다.
( )

94) <u>저음</u>의 목소리가 너무 매력적이다.
( )

95) 라디오 <u>방송</u>에서 많은 정보를 얻는다.
( )

96) 일본과 <u>영해</u> 문제로 마찰이 생겼다.
( )

97) 도박을 좋아하더니 <u>경마</u>로 재산을 날렸다.
( )

98) 당신이 한 말을 <u>진담</u>으로 받아들이겠습니다.
( )

99) <u>부귀</u>도 일장춘몽처럼 덧없는 것….
( )

100) 전화 <u>회선</u>이 너무 부족하여 혼선이 된다.
( )

5급 예 상 문 제 15회

대한민국한자자격검정시험   성명 (   )   점수   점

가. 다음 한자어의 독음을 쓰시오.

본보기 : 孝道 (효도)

1) 俗談 (   )   2) 風霜 (   )
3) 海運 (   )   4) 意志 (   )
5) 葉書 (   )   6) 行政 (   )
7) 藝能 (   )   8) 精神 (   )
9) 家庭 (   )   10) 溫度 (   )
11) 期間 (   )   12) 個性 (   )
13) 誠實 (   )   14) 熱氣 (   )
15) 電話 (   )   16) 貴重 (   )
17) 溫順 (   )   18) 敬語 (   )
19) 移住 (   )   20) 窓門 (   )

나. 다음 한자의 뜻이 상대되는 한자를 쓰시오.

본보기 : 上 ↔ (下)

21) 初   ↔   (   )
22) 過   ↔   (   )

다. 다음 한자의 뜻이 비슷한 한자를 쓰시오.

본보기 : 道 ↔ (路)

23) 話   ↔   (   )
24) 惠   ↔   (   )

라. 다음의 한자의 부수와 총 획수를 쓰시오.

본보기 : 孝 : (子부, 7획)

25) 將 :   획
26) 建 :   획

마. 다음 한자의 훈음을 쓰시오.

본보기 : 孝 (효도 효)

27) 貧 (   )   28) 賞 (   )
29) 億 (   )   30) 識 (   )
31) 氷 (   )   32) 喪 (   )
33) 漁 (   )   34) 試 (   )
35) 仕 (   )   36) 仙 (   )
37) 養 (   )   38) 視 (   )
39) 私 (   )   40) 善 (   )
41) 野 (   )   42) 是 (   )
43) 思 (   )   44) 選 (   )
45) 案 (   )   46) 施 (   )

바. 다음의 단어를 한자로 바꿔 쓰시오.

본보기 : 효도:부모를 잘 섬기는 도리 (孝道)

47) 갈망 : 간절히 바람   (   )
48) 관객 : 구경꾼   (   )
49) 결사 : 죽기를 각오하여 결심함
              (   )
50) 기구 : 그릇. 세간   (   )
51) 독주 : 혼자 걸음   (   )

사. 다음 한자어의 뜻을 쓰시오.

본보기 : 孝道 (부모를 잘 섬기는 도리)

52) 聖經 (   )
53) 傳說 (   )
54) 富強 (   )
55) 格言 (   )

아. 다음 밑줄친 한자의 독음을 쓰시오.

본보기 : 부모님께 <u>孝道</u>를 하자.
(효도)

56) <u>登記所</u>에 가서 서류를 발급 받았다.
( )

57) <u>形體</u>도 알아볼 수 없을 정도로 부패했다.
( )

58) 호남선은 <u>單線</u>이라 시간이 더 걸린다.
( )

59) 귀성 열차표가 <u>暗去來</u> 되고 있다.
( )

60) 오랜만에 중화 <u>料理</u>를 먹으니 맛있다.
( )

61) 이 <u>近方</u>부터 다시 수색해 보도록 하자.
( )

62) 한자공부는 <u>部首</u>부터 익혀야 한다.
( )

63) <u>數學</u>에서 점수가 좋게 나와 다행이다.
( )

64) <u>立春</u>이 지났는데도 아직도 춥다.
( )

65) <u>小說</u>속의 주인공의 삶이 너무 가엽다.
( )

자. 다음 물음에 알맞은 답을 쓰시오.

66) 辰의 음과 훈을 두 가지 쓰시오.
① ②

67) 다음 한자의 음과 훈을 쓰시오.
① 課 ( ) ② 果 ( )

68) 端의 부수로 맞는 것은? ( )
① 山 ② 而 ③ 立 ④ 端

차. 다음의 뜻에 알맞은 한자성어를 쓰시오.

69) 죽어서도 잊지 않고 은혜를 갚는다는 말
( )

70) 변명할 말이 없다는 뜻
( )

카. 다음 훈음에 맞는 한자를 쓰시오.

본보기 : 효도 효 (孝)

71) 병들 병 ( )   72) 절   사 ( )
73) 큰바다양 ( )   74) 새로울신 ( )
75) 걸음 보 ( )   76) 뱀   사 ( )
77) 만약 약 ( )   78) 믿을 신 ( )
79) 복   복 ( )   80) 낳을 산 ( )
81) 약할 약 ( )   82) 심을 식 ( )
83) 옷   복 ( )   84) 셈할 산 ( )
85) 아이 아 ( )   86) 글   시 ( )
87) 역사 사 ( )   88) 장사 상 ( )
89) 귀신 신 ( )   90) 때   시 ( )

타. 다음 밑줄친 단어를 한자로 고쳐 쓰시오.

본보기 : 부모님께 <u>효도</u>를 하자.
(孝道)

91) 내 말을 <u>염두</u>에 두고 시합에 나아가라.
( )

92) 그 만한 사고에 경상이라니 <u>다행</u>입니다.
( )

93) 우주 만물은 <u>음양</u>의 조화로 이루어졌다.
( )

94) <u>약사</u> 시험에 합격을 축하한다.
( )

95) 너무 <u>편리</u>함만 추구한다면 자아를 잃는다.
( )

96) <u>차원</u>이 달라서 너하고 이야기가 안 된다.
( )

97) 응시 <u>원서</u>를 제출했지만 마음은 떨린다.
( )

98) 과거의 <u>죄악</u>을 돈 몇 푼으로 갚으려 한다.
( )

99) <u>우주</u>의 찬란한 쇼가 금세기 말에 일어난다.
( )

100) 각 <u>과목</u>을 다시 한번 점검해 보아라.
( )

5급 예상문제 16회

대한민국한자자격검정시험 성명 (   ) 점수   점

가. 다음 한자어의 독음을 쓰시오.

본보기 : 孝道 (효도)

1) 分明 (   ) 2) 信念 (   )
3) 俗談 (   ) 4) 將來 (   )
5) 佛經 (   ) 6) 知識 (   )
7) 謝禮 (   ) 8) 事實 (   )
9) 多島海 (   ) 10) 建物 (   )
11) 增加 (   ) 12) 過去 (   )
13) 湖水 (   ) 14) 規則 (   )
15) 住所 (   ) 16) 放學 (   )
17) 小食 (   ) 18) 敎訓 (   )
19) 國民 (   ) 20) 有用 (   )

나. 다음 한자의 뜻이 상대되는 한자를 쓰시오.

본보기 : 上 ↔ (下)

21) 重 ↔ (   )
22) 私 ↔ (   )

다. 다음 한자의 뜻이 비슷한 한자를 쓰시오.

본보기 : 道 ↔ (路)

23) 話 ↔ (   )
24) 畵 ↔ (   )

라. 다음의 한자의 부수와 총 획수를 쓰시오.

본보기 : 孝 : (子부, 7획)

25) 祭 :   획
26) 富 :   획

마. 다음 한자의 훈음을 쓰시오.

본보기 : 孝 (효도 효)

27) 雪 (   ) 28) 聖 (   )
29) 順 (   ) 30) 改 (   )
31) 說 (   ) 32) 聲 (   )
33) 松 (   ) 34) 客 (   )
35) 城 (   ) 36) 誠 (   )
37) 送 (   ) 38) 件 (   )
39) 星 (   ) 40) 勢 (   )
41) 渴 (   ) 42) 健 (   )
43) 盛 (   ) 44) 歲 (   )
45) 監 (   ) 46) 格 (   )

바. 다음의 단어를 한자로 바꿔 쓰시오.

본보기 : 효도:부모를 잘 섬기는 도리 (孝道)

47) 회선 : 연결한 선   (   )
48) 왕래 : 가고 옴   (   )
49) 시정 : 그릇된 것을 바로 잡음
                        (   )
50) 빈약 : 보잘 것 없음 (   )
51) 구색 : 여러 가지 물건을 골고루 갖춤
                        (   )

사. 다음 한자어의 뜻을 쓰시오.

본보기 : 孝道 (부모를 잘 섬기는 도리)

52) 敗北 (   )
53) 兩面 (   )
54) 善良 (   )
55) 共同 (   )

아. 다음 밑줄친 한자의 독음을 쓰시오.

> 본보기 : 부모님께 <u>孝道</u>를 하자.
> (효도)

56) 정보화 <u>時代</u>일수록 <u>漢字</u>는 중요합니다.
(   )

57) <u>個性</u> 표현이 너무 현란하다.
(   )

58) 이렇게 좋은 <u>景致</u>를 혼자만 보기 아쉽다.
(   )

59) 우리 나라도 이제 <u>製鐵</u> 왕국이 되었다.
(   )

60) 컴퓨터를 잘하려면 <u>打字</u>를 잘 쳐야 한다.
(   )

61) 마라톤 세계 신기록이 <u>更新</u> 되었다.
(   )

62) <u>保全</u>상태가 좋아 값이 많이 나갑니다.
(   )

63) <u>許可</u>도 받지 않고 함부로 공사를 한다.
(   )

64) 이유도 모른 채 <u>檢察</u>에 가서 조사 받았다.
(   )

65) <u>敵軍</u>을 섬멸하고 혁혁한 공을 세웠다.
(   )

자. 다음 물음에 알맞은 답을 쓰시오.
66) 易의 음과 훈을 두 가지 쓰시오.
    ①   ②

67) 다음 한자의 음과 훈을 쓰시오.
    ① 永 (   ) ② 氷 (   )

68) 葉의 부수로 맞는 것은? (   )
    ① 木   ② ⺾   ③ 世   ④ 葉

차. 다음의 뜻에 알맞은 한자성어를 쓰시오.
69) 책을 읽다가 양을 잃어버린다는 뜻
    (   )

70) 효험이 좋은 약은 입에 쓰다는 뜻
    (   )

카. 다음 훈음에 맞는 한자를 쓰시오.

> 본보기 : 효도 효 (孝)

71) 이룰 성 (   ) 72) 심을 식 (   )
73) 말씀 어 (   ) 74) 집   우 (   )
75) 살필 성 (   ) 76) 납   신 (   )
77) 그럴 연 (   ) 78) 운전할운 (   )
79) 셈   수 (   ) 80) 아이 아 (   )
81) 꽃부리영 (   ) 82) 으뜸 원 (   )
83) 이길 승 (   ) 84) 약할 약 (   )
85) 따뜻할온 (   ) 86) 자리 위 (   )
87) 글   시 (   ) 88) 큰바다양 (   )
89) 완전할완 (   ) 90) 기를 육 (   )

타. 다음 밑줄친 단어를 한자로 고쳐 쓰시오.

> 본보기 : 부모님께 <u>효도</u>를 하자.
> (孝道)

91) 지구에 <u>종말</u>이 올지라도 사과나무를…
(   )

92) <u>무미</u> 건조한 생활이 계속되는 요즈음.
(   )

93) 도시에서 <u>농촌</u>으로 돌아가는 사람이 많다.
(   )

94) 한자공부는 <u>조기</u>에 시킬수록 효과가 크다.
(   )

95) <u>정지</u> 신호를 무시하고 달린 범인이 잡혔다.
(   )

96) <u>열망</u>을 저버리지 말고 꼭 승리하소서!
(   )

97) 오후에는 귀한 손님을 <u>대접</u>해야 한다.
(   )

98) 이곳은 <u>폐문</u>이니 출입을 금합니다.
(   )

99) 공명정대한 <u>선거</u>가 이루어지도록 노력하자.
(   )

100) <u>생활</u>이 그대를 속일지라도 결코 슬퍼…
(   )

5급 예상문제 17회

대한민국한자자격검정시험   성명 (   )   점수   점

가. 다음 한자어의 독음을 쓰시오.

본보기 : 孝道（효도）

1) 移民(　　) 2) 敬禮(　　)
3) 窓門(　　) 4) 自他(　　)
5) 協助(　　) 6) 最善(　　)
7) 旅行(　　) 8) 陰地(　　)
9) 兩面(　　) 10) 外製(　　)
11) 端正(　　) 12) 戰爭(　　)
13) 給料(　　) 14) 鐵橋(　　)
15) 北極(　　) 16) 雪景(　　)
17) 停止(　　) 18) 夏期(　　)
19) 文化(　　) 20) 夫婦(　　)

나. 다음 한자의 뜻이 상대되는 한자를 쓰시오.

본보기 : 上 ↔ （下）

21) 冷 ↔ (　　)
22) 卒 ↔ (　　)

다. 다음 한자의 뜻이 비슷한 한자를 쓰시오.

본보기 : 道 ↔ （路）

23) 藝 ↔ (　　)
24) 眼 ↔ (　　)

라. 다음의 한자의 부수와 총 획수를 쓰시오.

본보기 : 孝 : （子부, 7획）

25) 識 :　　　　획
26) 後 :　　　　획

마. 다음 한자의 훈음을 쓰시오.

본보기 : 孝（효도 효）

27) 敬 (　　) 28) 具 (　　)
29) 單 (　　) 30) 練 (　　)
31) 功 (　　) 32) 郡 (　　)
33) 待 (　　) 34) 陸 (　　)
35) 觀 (　　) 36) 規 (　　)
37) 都 (　　) 38) 望 (　　)
39) 官 (　　) 40) 禁 (　　)
41) 獨 (　　) 42) 味 (　　)
43) 廣 (　　) 44) 念 (　　)
45) 歷 (　　) 46) 變 (　　)

바. 다음의 단어를 한자로 바꿔 쓰시오.

본보기 : 효도:부모를 잘 섬기는 도리(孝道)

47) 성량 : 목소리의 크기와 양 (　　)
48) 세도 : 정치상의 권세 (　　)
49) 면학 : 학업에 힘씀 (　　)
50) 과연 : 알고 보니 정말 (　　)
51) 과업 : 닦아야 할 업무 (　　)

사. 다음 한자어의 뜻을 쓰시오.

본보기 : 孝道（부모를 잘 섬기는 도리）

52) 固定 (　　)
53) 報答 (　　)
54) 滿開 (　　)
55) 謝過 (　　)

아. 다음 밑줄친 한자의 독음을 쓰시오.

본보기 : 부모님께 <u>孝道</u>를 하자.
(효도)

56) <u>寒波</u>가 곧 닥칠텐데 노숙자가 걱정이다.
   (   )
57) <u>朱丹</u>으로 덧칠을 해 놓았다.
   (   )
58) 더울 때 먹는 <u>氷水</u>는 진짜 맛있다.
   (   )
59) 중간 시험 <u>期間</u>이 발표되었다.
   (   )
60) <u>筆房</u>에 가서 화선지를 사왔다.
   (   )
61) <u>初喪</u>집에 문상을 가서 옛 친구들을 만났다.
   (   )
62) 청산은 <u>萬古</u>에 푸르른데….
   (   )
63) <u>松林</u> 속을 걸어 보라.
   (   )
64) 너는 우리 <u>俗談</u>을 얼마나 알고 있냐?
   (   )
65) 수학 <u>競試</u> 대회에서 일등을 하였다.
   (   )

자. 다음 물음에 알맞은 답을 쓰시오.
66) 畵의 음과 훈을 두 가지 쓰시오.
   ①   ②
67) 다음 한자의 음과 훈을 쓰시오.
   ① 詩 (   ) ② 時 (   )
68) 聞의 부수로 맞는 것은? (   )
   ① 耳   ② 門   ③ 聞   ④ 戶

차. 다음의 뜻에 알맞은 한자성어를 쓰시오.
69) 자기의 정성을 겸손하게 일컫는 말.
   (   )
70) 죽어 혼령이 되어도 은혜를 잊지 않고 갚는 다는 뜻. (   )

카. 다음 훈음에 맞는 한자를 쓰시오.

본보기 : 효도 효 (孝)

71) 말씀 어 (   ) 72) 완전할 완 (   )
73) 은   은 (   ) 74) 정할 정 (   )
75) 업   업 (   ) 76) 집   우 (   )
77) 뜻   의 (   ) 78) 뜰   정 (   )
79) 그럴 연 (   ) 80) 으뜸 원 (   )
81) 지을 작 (   ) 82) 차례 제 (   )
83) 길   영 (   ) 84) 자리 위 (   )
85) 마당 장 (   ) 86) 할아비조 (   )
87) 꽃부리영 (   ) 88) 기를 육 (   )
89) 번개 전 (   ) 90) 낮   주 (   )

타. 다음 밑줄친 단어를 한자로 고쳐 쓰시오.

본보기 : 부모님께 <u>효도</u>를 하자.
(孝道)

91) <u>빈부</u>차가 없는 나라가 좋은 나라이다.
   (   )
92) 이번 <u>문제</u>는 대체로 쉽게 출제되었다.
   (   )
93) 부동산 <u>매매</u> 대금을 잃어버렸다.
   (   )
94) <u>녹색</u> 신호등이 켜지기도 전에 출발한다.
   (   )
95) "<u>무기</u>여 잘 있거라."는 영화를 또 봤다.
   (   )
96) <u>수선화</u>가 아름답게 피었습니다.
   (   )
97) 감히 내 <u>아성</u>에 도전해 오다니!
   (   )
98) 오직 <u>정진</u>만이 있을 뿐이다.
   (   )
99) <u>선발</u>대로 먼저 현장으로 출발했다.
   (   )
100) <u>회수</u>가 문제가 아니라 공신력이다.
   (   )

5급   예 상 문 제   18회

대한민국한자자격검정시험   성명 (   )   점수   점

가. 다음 한자어의 독음을 쓰시오.

본보기 : 孝道 (효도)

1) 賣買(   )   2) 信號(   )
3) 藥水(   )   4) 獨身(   )
5) 內容(   )   6) 史記(   )
7) 傳統(   )   8) 尙早(   )
9) 問題(   )   10) 細心(   )
11) 音樂(   )   12) 限界(   )
13) 送金(   )   14) 觀光(   )
15) 衣服(   )   16) 善意(   )
17) 圖畵(   )   18) 施政(   )
19) 園藝(   )   20) 規定(   )

나. 다음 한자의 뜻이 상대되는 한자를 쓰시오.

본보기 : 上 ↔ (下)

21) 勞 ↔ (   )
22) 將 ↔ (   )

다. 다음 한자의 뜻이 비슷한 한자를 쓰시오.

본보기 : 道 ↔ (路)

23) 革 ↔ (   )
24) 所 ↔ (   )

라. 다음의 한자의 부수와 총 획수를 쓰시오.

본보기 : 孝 : (子부, 7획)

25) 養 :   획
26) 歲 :   획

마. 다음 한자의 훈음을 쓰시오.

본보기 : 孝 (효도 효)

27) 保 (   )   28) 氷 (   )
29) 喪 (   )   30) 星 (   )
31) 婦 (   )   32) 仕 (   )
33) 霜 (   )   34) 盛 (   )
35) 富 (   )   36) 私 (   )
37) 選 (   )   38) 聖 (   )
39) 備 (   )   40) 謝 (   )
41) 雪 (   )   42) 勢 (   )
43) 貧 (   )   44) 賞 (   )
45) 說 (   )   46) 松 (   )

바. 다음의 단어를 한자로 바꿔 쓰시오.

본보기 : 효도:부모를 잘 섬기는 도리(孝道)

47) 충심 : 충직한 마음   (   )
48) 이외 : 이 밖, 그 밖   (   )
49) 여로 : 여행길   (   )
50) 조반 : 아침 밥   (   )
51) 지성 : 있는 정성을 다함 (   )

사. 다음 한자어의 뜻을 쓰시오.

본보기 : 孝道 (부모를 잘 섬기는 도리)

52) 郡民 (   )
53) 競爭 (   )
54) 眞談 (   )
55) 祝福 (   )

아. 다음 밑줄친 한자의 독음을 쓰시오.

본보기 : 부모님께 孝道를 하자.
(효도)

56) 독도는 엄연히 대한민국의 領土입니다.
( )

57) 모든 事故는 사전에 예방할 수 있다.
( )

58) 실업자가 減少 추세로 돌아섰다고 한다.
( )

59) 우리 배구 팀이 일본에 辛勝을 거뒀다.
( )

60) 檢量보다 더 많이 달라고 하지 마시오.
( )

61) 그 사람의 非理가 하나 둘씩 들어 났다.
( )

62) 향을 싼 종이에서는 香氣가 납니다.
( )

63) 문화가 개방되면 低俗한 것이 들어올지.
( )

64) 製品의 질을 높여야만 경쟁력이 생긴다.
( )

65) 佛敎계의 폭력사태를 보면서 착잡하다.
( )

자. 다음 물음에 알맞은 답을 쓰시오.

66) 惡의 음과 훈을 두 가지 쓰시오.
① ②

67) 다음 한자의 음과 훈을 쓰시오.
① 若 ( ) ② 苦 ( )

68) 望의 부수로 맞는 것은? ( )
① 壬 ② 玉 ③ 月 ④ 亡

차. 다음의 뜻에 알맞은 한자성어를 쓰시오.

69) 처지를 바꾸어서 생각함.
( )

70) 혼자서 칼을 휘두르고 거침없이 적진으로 쳐들어 감. ( )

카. 다음 훈음에 맞는 한자를 쓰시오.

본보기 : 효도 효 (孝)

71) 뜻 지 ( ) 72) 클 태 ( )
73) 풍성할풍 ( ) 74) 형상 형 ( )
75) 붙을 착 ( ) 76) 통할 통 ( )
77) 붓 필 ( ) 78) 화목할화 ( )
79) 꾸짖을책 ( ) 80) 평평할평 ( )
81) 바다 해 ( ) 82) 화할 화 ( )
83) 맑을 청 ( ) 84) 베 포 ( )
85) 다행 행 ( ) 86) 이야기화 ( )
87) 법칙 칙 ( ) 88) 겉 표 ( )
89) 나타날현 ( ) 90) 가르칠훈 ( )

타. 다음 밑줄친 단어를 한자로 고쳐 쓰시오.

본보기 : 부모님께 효도를 하자.
(孝道)

91) 과소비 안 하기 운동이 거국적으로 일었다.
( )

92) 119구급차는 인명구조를 위해 애를 쓴다.
( )

93) 내년부터 중학교까지 급식을 시행한다.
( )

94) 대한의 건아들이 훌륭하게 해냈구나!
( )

95) 항상 염두에 두고 주의하겠습니다.
( )

96) 무엇보다도 인성이 중요하다고 생각한다.
( )

97) 이 사전은 이번에 특허를 출원했다.
( )

98) 정차위반으로 스티커를 발부 받았다.
( )

99) 초등학교 주변에는 불량식품이 판을 친다.
( )

100) 구도의 길을 떠나는 친구에게!
( )

5급 예상문제 19회

대한민국한자자격검정시험   성명 (   )   점수   점

가. 다음 한자어의 독음을 쓰시오.

본보기 : 孝道 (효도)

1) 減少(   )   2) 農場(   )
3) 說明(   )   4) 進路(   )
5) 精神(   )   6) 都市(   )
7) 增大(   )   8) 獨島(   )
9) 暗黑(   )   10) 學習(   )
11) 新聞(   )   12) 病勢(   )
13) 基金(   )   14) 葉書(   )
15) 特製(   )   16) 香料(   )
17) 終末(   )   18) 宗敎(   )
19) 記事(   )   20) 景致(   )

나. 다음 한자의 뜻이 상대되는 한자를 쓰시오.

본보기 : 上 ↔ (下)

21) 冷 ↔ (   )
22) 公 ↔ (   )

다. 다음 한자의 뜻이 비슷한 한자를 쓰시오.

본보기 : 道 ↔ (路)

23) 作 ↔ (   )
24) 服 ↔ (   )

라. 다음의 한자의 부수와 총 획수를 쓰시오.

본보기 : 孝 : (子부, 7획)

25) 廣 :   획
26) 觀 :   획

마. 다음 한자의 훈음을 쓰시오.

본보기 : 孝 (효도 효)

27) 施 (   )   28) 案 (   )
29) 如 (   )   30) 往 (   )
31) 是 (   )   32) 藥 (   )
33) 易 (   )   34) 容 (   )
35) 試 (   )   36) 陽 (   )
37) 熱 (   )   38) 雲 (   )
39) 識 (   )   40) 漁 (   )
41) 藝 (   )   42) 雄 (   )
43) 實 (   )   44) 億 (   )
45) 屋 (   )   46) 願 (   )

바. 다음의 단어를 한자로 바꿔 쓰시오.

본보기 : 효도:부모를 잘 섬기는 도리 (孝道)

47) 이식 : 옮겨서 심음   (   )
48) 정차 : 차를 멈춤   (   )
49) 습성 : 버릇이 되어버린 성질
                         (   )
50) 악덕 : 나쁜 마음씨   (   )
51) 빈약 : 보잘 것이 없음 (   )

사. 다음 한자어의 뜻을 쓰시오.

본보기 : 孝道 (부모를 잘 섬기는 도리)

52) 視察 (   )
53) 進步 (   )
54) 湖南 (   )
55) 擧事 (   )

아. 다음 밑줄친 한자의 독음을 쓰시오.

본보기 : 부모님께 <u>孝道</u>를 하자.
(효도)

56) <u>展示</u>된 문화재는 모두 모조품이었다.
   (   )
57) 간첩 <u>行爲</u>를 한 혐의가 추가되었다.
   (   )
58) <u>監房</u>에서 독서를 하며 때를 기다렸다.
   (   )
59) <u>個體</u>를 분류하여 연구결과를 보고하라.
   (   )
60) <u>更年期</u> 피로는 위험하니 진찰을 받아라.
   (   )
61) 네 질문은 <u>高次元</u>이라 이해가 안 된다.
   (   )
62) 이 사고의 <u>原因</u>은 끝내 밝혀지지 않았다.
   (   )
63) 이혼한 부부가 서로 <u>養育</u>을 주장한다.
   (   )
64) <u>空軍</u>이 되어 조국 하늘을 지키리라.
   (   )
65) 이번 사건 <u>餘波</u>로 정국이 혼란하다.
   (   )

자. 다음 물음에 알맞은 답을 쓰시오.
66) 畵의 음과 훈을 두 가지 쓰시오.
   ①   ②
67) 다음 한자의 음과 훈을 쓰시오.
   ① 城(   ) ② 盛(   )
68) 章의 부수로 맞는 것은? (   )
   ① 立   ② 十   ③ 曰   ④ 日

차. 다음의 뜻에 알맞은 한자성어를 쓰시오.
69) '쇠귀에 경 읽기'라는 속담과 같음.
   (   )
70) 변명이나 항변할 말 없음.
   (   )

카. 다음 훈음에 맞는 한자를 쓰시오.

본보기 : 효도 효 (孝)

71) 집   가 (   ) 72) 셈할 계 (   )
73) 쉴   휴 (   ) 74) 꽃   화 (   )
75) 사이 간 (   ) 76) 옛   고 (   )
77) 뒤   후 (   ) 78) 범   호 (   )
79) 머무를간 (   ) 80) 오이 과 (   )
81) 효도 효 (   ) 82) 맏   형 (   )
83) 물   강 (   ) 84) 사귈 교 (   )
85) 모일 회 (   ) 86) 구멍 혈 (   )
87) 수건 건 (   ) 88) 학교 교 (   )
89) 살   활 (   ) 90) 검을 현 (   )

타. 다음 밑줄친 단어를 한자로 고쳐 쓰시오.

본보기 : 부모님께 <u>효도</u>를 하자.
(孝道)

91) 축구협회가 <u>상벌</u>위원회를 소집했다.
   (   )
92) <u>당선</u>을 진심으로 축하합니다.
   (   )
93) <u>강원도</u>는 왠지 멀게만 느껴진다.
   (   )
94) 이번에 <u>거물</u>급 인사들을 많이 영입했다.
   (   )
95) 방학 <u>과제</u>를 성실히 해서 상을 받았다.
   (   )
96) 우리 팀이 <u>결승</u>에 진출할 수 있을 것 같다.
   (   )
97) 오늘이 <u>인천</u> 상륙 작전이 성공한 날이다.
   (   )
98) <u>취사</u> 금지구역에서는 불을 피우지 말자.
   (   )
99) 불법으로 <u>임야</u>를 형질 변경했다.
   (   )
100) 6.25전쟁은 <u>골육</u> 상쟁이었다.
   (   )

5급 예 상 문 제 20회

대한민국한자자격검정시험   성명 (   )   점수   점

가. 다음 한자어의 독음을 쓰시오.

본보기 : 孝道 (효도)

1) 歌曲(   )   2) 展示場(   )
3) 落島(   )   4) 練習(   )
5) 福德房(   )   6) 長城(   )
7) 文句(   )   8) 兩親(   )
9) 具備(   )   10) 急冷(   )
11) 決定(   )   12) 無精卵(   )
13) 武力(   )   14) 對角線(   )
15) 交易(   )   16) 滿開(   )
17) 敎養(   )   18) 選擧(   )
19) 佳景(   )   20) 將校(   )

나. 다음 한자의 뜻이 상대되는 한자를 쓰시오.

본보기 : 上 ↔ (下)

21) 客 ↔ (   )
22) 弟 ↔ (   )

다. 다음 한자의 뜻이 비슷한 한자를 쓰시오.

본보기 : 道 ↔ (路)

23) 助 ↔ (   )
24) 末 ↔ (   )

라. 다음의 한자의 부수와 총 획수를 쓰시오.

본보기 : 孝 : (子부, 7획)

25) 野 :   획
26) 最 :   획

마. 다음 한자의 훈음을 쓰시오.

본보기 : 孝 (효도 효)

27) 園 (   )   28) 移 (   )
29) 敵 (   )   30) 祭 (   )
31) 爲 (   )   32) 以 (   )
33) 戰 (   )   34) 題 (   )
35) 恩 (   )   36) 仁 (   )
37) 接 (   )   38) 早 (   )
39) 陰 (   )   40) 章 (   )
41) 停 (   )   42) 卒 (   )
43) 醫 (   )   44) 貯 (   )
45) 政 (   )   46) 曾 (   )

바. 다음의 단어를 한자로 바꿔 쓰시오.

본보기 : 효도:부모를 잘 섬기는 도리(孝道)

47) 단번 : 단 한번   (   )
48) 급식 : 식사를 제공함   (   )
49) 회선 : 연결한 선   (   )
50) 웅지 : 웅장한 뜻   (   )
51) 방류 : 흘려 보냄   (   )

사. 다음 한자어의 뜻을 쓰시오.

본보기 : 孝道 (부모를 잘 섬기는 도리)

52) 德望 (   )
53) 建物 (   )
54) 端午 (   )
55) 郡民 (   )

아. 다음 밑줄친 한자의 독음을 쓰시오.

본보기 : 부모님께 <u>孝道</u>를 하자.
(효도)

56) 선거 <u>結果</u>에 깨끗이 승복하는 멋스러움.
( )
57) 쪽집게 <u>課外</u>는 과연 무엇을 남겨 놓았나?
( )
58) 내 고장의 <u>戶數</u>를 알고 있어야겠다.
( )
59) 만해 선생은 내가 존경하는 <u>詩人</u>이다.
( )
60) 이번 수해로 <u>家電製品</u>이 모두 망가졌다.
( )
61) <u>共用</u> 물건일수록 내 것처럼 아껴 쓰자.
( )
62) 지하철에서 <u>老弱者</u> 우선석은 양보하자.
( )
63) <u>若干</u>의 실력차를 극복하지 못하는구나!
( )
64) <u>便器</u>를 사용할 때는 깨끗이 합시다.
( )
65) <u>君臣有義</u>는 오륜의 둘째 조항이다.
( )

자. 다음 물음에 알맞은 답을 쓰시오.
66) 宅의 음과 훈을 두 가지 쓰시오.
① ②
67) 다음 한자의 음과 훈을 쓰시오.
① 小 ( ) ② 少 ( )
68) 最의 부수로 맞는 것은? ( )
① 曰 ② 耳 ③ 又 ④ 日

차. 다음의 뜻에 알맞은 한자성어를 쓰시오.
69) 아무리 가르치고 일러주어도 알아듣지 못한다는 뜻. ( )
70) 날로 달로 끊임없이 진보 발전함의 뜻.
( )

카. 다음 훈음에 맞는 한자를 쓰시오.

본보기 : 효도 효 (孝)

71) 귀신 귀 ( ) 72) 사내 남 ( )
73) 가죽 혁 ( ) 74) 여름 하 ( )
75) 가까울근 ( ) 76) 해   년 ( )
77) 향할 향 ( ) 78) 가죽 피 ( )
79) 이제 금 ( ) 80) 많을 다 ( )
81) 모을 합 ( ) 82) 바람 풍 ( )
83) 기운 기 ( ) 84) 짧을 단 ( )
85) 한수 한 ( ) 86) 조각 편 ( )
87) 남녘 남 ( ) 88) 대답 답 ( )
89) 배울 학 ( ) 90) 벌레 충 ( )

타. 다음 밑줄친 단어를 한자로 고쳐 쓰시오.

본보기 : 부모님께 <u>효도</u>를 하자.
(孝道)

91) 이 제품은 <u>열처리</u>가 아주 잘되었다.
( )
92) 자기 전에 꼭 하루의 <u>반성</u>을 하고 자자.
( )
93) <u>수건</u>으로 발을 닦다니 고얀 녀석이구나!
( )
94) <u>한약</u>을 지어먹었더니 감기가 나았다.
( )
95) <u>오감</u>에 무엇을 더해야 육감이 되는고?
( )
96) 세금은 날로 <u>증가</u>하고 수입은 줄어들고…
( )
97) <u>원인</u>을 규명하기 위해서 철저히 조사하라.
( )
98) <u>영어</u>를 잘 하는 방법이 없겠습니까?
( )
99) <u>신록</u>을 보면서 산책을 하니 참 좋다.
( )
100) 이 음식은 <u>향료</u>를 첨가하지 않았다.
( )

5급 기출 문제 모범 답안

■ 제1회 (☞ 31~32쪽)

1)구월 2)송엽 3)검시 4)공용 5)오감 6)영어 7)특허 8)이감 9)순차 10)원예 11)염원 12)시인 13)양약 14)단선 15)음양 16)근방 17)입춘 18)소설 19)부수 20)우주 21)弟 22)客 23)惠 24)末(端) 25)木.5획 26)人.8획 27)도울협 28)도울조 29)별성 30)가장최 31)착할선 32)악할악 33)은혜은 34)은혜혜 35)공공 36)들야 37)변할변 38)불시 39)방방 40)이시 41)말씀설 42)찰냉 43)남을여 44)가난할빈 45)헤아릴양 46)덜감 47)傳說 48)德望 49)建物 50)端午 51)郡民 52)격언 53)회선 54)급식 55)웅지 56)이민 57)창문 58)협조 59)여행 60)물심양면 61)말단 62)급료 63)북극성 64)정지선 65)일본문화 66)①작을소②적을소 67)①때시②글시 68)① 69)(草)(恩) 70)(犬)(之) 71)爲 72)後 73)盛 74)基 75)低 76)流 77)統 78)部 79)如 80)則 81)易 82)格 83)經 84)但 85)輕 86)共 87)救 88)識 89)以 90)致 91)敬禮 92)自他 93)最善 94)陰地 95)物件 96)戰爭 97)鐵橋 98)雪景 99)夏期放學 100)夫婦

■ 제2회 (☞ 33~34쪽)

1)수건 2)음양 3)원인 4)입춘 5)우주 6)영어 7)변기 8)약간 9)오감 10)향신료 11)호수 12)소설 13)양약 14)단선 15)과외 16)근방 17)공용 18)시인 19)부수 20)결과 21)弟 22)客 23)惠 24)末(端) 25)4획 26)5획 27)들야 28)찰랭 29)볼관 30)가장최 31)가난할빈 32)지낼력 33)굳을고 34)별성 35)사례할사 36)말씀설 37)남을여 38)집옥 39)방방 40)이시 41)사사로울사 42)뜰정 43)변할변 44)쇠철 45)부처불 46)불시 47)2 48)1 49)4 50)3 51)5 52)연결한선 53)웅장한 뜻 54)사리에 맞아 교훈이 될 만한 짧은 말 55)식사를 제공함 56)문화 57)급료 58)협조 59)여행 60)이민 61)말단 62)창문 63)북극성 64)정지선 65)물심양면 66)① 67)①때시②글시 68)①그림화②그을획 69)선견지명 70)견마지로 71)則 72)如 73)識 74)基 75)低 76)流 77)統 78)部 79)後 80)格 81)以 82)共 83)經 84)爲 85)輕 86)但 87)救 88)盛 89)易 90)致 91)三月 92)天地 93)五月 94)陰地 95)敬禮 96)戰爭 97)自他 98)雪景 99)放學 100)最善

■ 제3회 (☞ 35~36쪽)

1)회수 2)경시 3)선발 4)속담 5)정진 6)송림 7)아성 8)풍상 9)신선 10)초상 11)무기 12)필방 13)녹색 14)기간 15)매매 16)빙산 17)문제 18)단주 19)빈부 20)한파 21)溫 22)將 23)技(才) 24)目 25)酉.18 26)食.16 27)갖출비 28)억억 29)참진 30)낱개 31)운전할운(돌운) 32)연고고(옛고) 33)맺을결 34)스승사 35)섬도 36)베풀시 37)불시 38)결단할결 39)빌축 40)목욕할욕 41)부릴사(하여금사) 42)한정한 43)귀할귀 44)닫을폐 45)섬도 46)거느릴령 47)聲量 48)勉學 49)勢道 50)近方 51)謝過 52)알고보니 정말 53)남이 두터운 뜻을 갚음 54)닦아야 할 업무 55)꽃이 한꺼번에 활짝핌 56)장교 57)선거 58)만개 59)대각선 60)무정란 61)급냉 62)양친 63)만리장성 64)연습 65)전시장 66)①집택②집댁 67)①작을소②젊을소(적을소) 68)① 69)進.步 70)牛.讀 71)位 72)則 73)玄 74)齒 75)淸 76)植 77)完 78)歌 79)商 80)勞 81)李 82)知 83)休 84)鼻 85)虎 86)而 87)舟 88)細 89)初 90)幸 91)電話 92)敎養 93)交易 94)決定 95)統一 96)歌曲 97)落島 98)藝能 99)家庭 100)期間

■ 제4회 (☞ 37~38쪽)

1)오월 2)우주 3)선발 4)속담 5)국어 6)송림 7)아성 8)약간 9)신선 10)고금 11)한자 12)필방 13)녹색 14)기간 15)명령 16)빙산 17)문제 18)부수 19)빈부 20)도착 21)短 22)重 23)兵 24)益 25)9 26)6 27)참을인 28)억억 29)참진 30)작을소 31)운전할운 32)연고고(옛고) 33)맺을결 34)들야 35)큰대 36)별성 37)사람인 38)결단할결 39)빌축 40)아버지부 41)부릴사(하여금사) 42)한정한 43)귀할귀 44)닫을폐 45)어미모 46)볼시 47)恭敬 48)勉學 49)勢道 50)徒步 51)德望 52)귀하고 천함 53)남의 두터운 뜻을 갚음 54)사리에 맞아 교훈이 될만한 짧은 글 55)깨끗하게 함 56)면학 57)재해 58)만개 59)대각선 60)과거 61)급냉 62)양친 63)만리장성 64)연습 65)단점 66)①흰백 ②일백백 67)①갈거 ②거칠지 68)①도끼근 ②가까울근 69)난형난제 70)다다익선 71)人 72)則 73)玄 74)基 75)字 76)植 77)流 78)歌 79)商 80)學 81)波 82)知 83)休 84)爲 85)材 86)而 87)舟 88)細 89)易 90)禁 91)品質 92)商業 93)敬禮 94)決定 95)細心 96)歌曲 97)自他 98)雪景 99)漢字 100)技術

■ 제5회 (☞ 39~40쪽)

1)공용 2)오감 3)검시 4)구월 5)송엽 6)원예 7)특허 8)영어 9)순차 10)이감 11)단선 12)시인 13)양약 14)음양 15)염원 16)우주 17)입춘 18)근방 19)부수 20)소설 21)師 22)主 23)恩 24)初 25)木,8 26)言,7 27)가난할빈 28)뜰정 29)별성 30)사사사 31)가장최 32)볼관 33)군을고 34)들야 35)사례할사 36)지낼력 37)이시 38)볼시 39)방방 40)변할변 41)말씀설 42)집옥 43)남을여 44)쇠철 45)찰냉 46)부처불 47)郡民 48)德望 49)建物 50)傳說 51)端午 52)급식 53)격언 54)회선 55)웅지 56)협조 57)창문 58)양면 59)여행 60)이민 61)문화 62)말단 63)북극성 64)정지선 65)급료 66)①젊을소 ②적을소 67)①보일시 ②저자시 68)② 69)結草報恩 70)犬馬之勞 71)流 72)低 73)盛 74)基 75)爲 76)則 77)統 78)後 79)如 80)部 81)輕 82)格 83)經 84)易 85)致 86)但 87)共 88)識 89)以 90)救 91)最善 92)自他 93)敬禮 94)鐵橋 95)物件 96)戰爭 97)陰地 98)恭敬 99)放學 100)雪景

5급 예상 문제 모범 답안

■ 제1회 (☞ 41~42쪽)
1) 시대 2) 생활 3) 개성 4) 선거 5) 경치 6) 폐문 7) 제철소 8) 대접 9) 검찰 10) 열망 11) 타자 12) 정지 13) 갱신(경신) 14) 조기 15) 보전 16) 도시 17) 허가 18) 무미 19) 적군 20) 종말 21) 重 22) 私 23) 畵 24) 話 25) 人, 5 26) 犭, 16 27) 잎 엽 28) 뜻 지 29) 한정 한 30) 공 구 31) 도울 조 32) 모양 형 33) 변할 변 34) 놈 자(사람 자) 35) 들 야 36) 가늘 세 37) 시험 시 38) 제사 제 39) 까닭 인(인할 인) 40) 집 택(집 댁) 41) 생각 사 42) 신선 선 43) 빌 축 44) 덜 감 45) 눈 안 46) 집 주 47) 共同 48) 善良 49) 兩面 50) 敗北 51) 貧弱 52) 연결한 선 53) 가고 옴 54) 그릇된 것을 바로 잡음 55) 여러 가지 물건을 골고루 갖춤 56) 유용 57) 교훈 58) 방학 59) 규칙 60) 과거 61) 건물 62) 사실 63) 지식인 64) 장래 65) 신념 66) ①바꿀 역 ②쉬울 이 67) ①길 영 ②얼음 빙 68) ③ 69) 良藥苦口 70) 讀書亡羊 71) 化 72) 孫 73) 神 74) 級 75) 若 76) 第 77) 福 78) 聞 79) 部 80) 風 81) 曲 82) 爭 83) 豊 84) 秋 85) 作 86) 習 87) 句 88) 淸 89) 幸 90) 病 91) 國民車 92) 小食 93) 現住所 94) 湖水 95) 增加 96) 多島海 97) 謝禮 98) 佛經 99) 俗談 100) 分明

■ 제2회 (☞ 43~44쪽)
1) 대접 2) 경례 3) 개성 4) 종친 5) 규격 6) 물건 7) 경기 8) 단행본 9) 연습 10) 열량 11) 갈망 12) 약사 13) 성가 14) 답안지 15) 은혜 16) 고차원 17) 전송 18) 통념 19) 전진 20) 면책 21) 減 22) 富 23) 視 24) 處 25) 虍, 13 26) 言, 23 27) 다만 단 28) 물결 파 29) 돌회 30) 수컷 웅 31) 찰 한 32) 굳을 고 33) 자세할 정(정기 정) 34) 사사로울 사 35) 지킬 보(보전할 보) 36) 어질 인 37) 재주 예 38) 착할 선 39) 억 억 40) 빌 축 41) 놈 자(사람 자) 42) 헤아릴 료 43) 이를 치 44) 벼슬 관 45) 다를 타 46) 일찍 증 47) 眞談 48) 展開 49) 旅路 50) 限定 51) 冷氣 52) 겪어 지내온 일들 53) 이미 지나간 때 54) 물건을 씀 55) 허락함 56) 시력 57) 부문 58) 독특 59) 원서 60) 건전 61) 성실 62) 구비 63) 풍족 64) 개명 65) 결성 66) ①편할 편 ②똥오줌 변 67) ①팔매 ②살매 68) ② 69) 漁父之利 70) 甘言利說 71) 可 72) 京 73) 數 74) 感 75) 海 76) 弱 77) 時 78) 着 79) 急 80) 語 81) 求 82) 則 83) 形 84) 表 85) 萬 86) 商 87) 病 88) 筆 89) 度 90) 線 91) 意志 92) 落葉 93) 禁止 94) 眼科 95) 卒業 96) 選手 97) 實施 98) 戰爭 99) 年歲 100) 報道

■ 제3회 (☞ 45~46쪽)
1) 한파 2) 빈부 3) 주단 4) 문제 5) 빙수 6) 매매 7) 기간 8) 청록색 9) 필방 10) 무기 11) 초상 12) 수선화 13) 만고풍상 14) 아성 15) 송림 16) 정진 17) 속담 18) 선발 19) 경시 20) 회수 21) 冷 22) 卒(兵) 23) 藝 24) 眼 25) 酉, 18 26) 食, 16 27) 이를 치 28) 써 이 29) 알 식 30) 구원할 구 31) 함께 공 32) 가벼울 경 33) 다만 단 34) 지낼 경(경서 경) 35) 격식 격 36) 바꿀 역(쉬울 이) 37) 법칙 칙(곧 즉) 38) 같을 여 39) 나눌 부(마을 부) 40) 거느릴 통(합할 통) 41) 흐를 류 42) 낮을 저 43) 터 기 44) 성할 성 45) 뒤 후 46) 할 위(될 위) 47) 果然 48) 課業 49) 滿開 50) 報答 51) 固定 52) 학업에 힘씀 53) 잘못에 대한 용서를 빎 54) 정치상의 권세 55) 목소리의 크기와 양 56) 부부 57) 하기방학 58) 설경 59) 철교 60) 전쟁 61) 외제물건 62) 음지 63) 최선 64) 자타 65) 경례 66) ①그림 화 ②그을 획 67) ①때 시 ②글 시 68) ① 69) 結草報恩 70) 犬馬之誠 71) 領 72) 細 73) 閉 74) 貴 75) 限 76) 使 77) 浴 78) 祝 79) 決 80) 視 81) 施 82) 島 83) 師 84) 結 85) 故 86) 運 87) 個 88) 眞 89) 億 90) 備 91) 日本文化 92) 停止線 93) 北極星 94) 給料 95) 末端 96) 物心兩面 97) 旅行 98) 協助 99) 窓門 100) 移民

■ 제4회 (☞ 47~48쪽)
1) 풍상 2) 원아 3) 원조 4) 원료 5) 암운 6) 왕래 7) 제례 8) 검거 9) 안건 10) 여망 11) 번호 12) 순리 13) 접대 14) 국정 15) 전시 16) 시행 17) 종결 18) 연세 19) 협동 20) 보고 21) 賣 22) 果 23) 端(終) 24) 惠 25) 宀, 14 26) 入, 8 27) 부처 불 28) 공 공 29) 가벼울 경 30) 쌓을 저 31) 세울 건 32) 뭍 륙 33) 생각 념 34) 갖출 비 35) 군사 졸(마칠 졸) 36) 밥 반 37) 또 차 38) 일찍 증 39) 지낼 력 40) 글 장 41) 죽을 상 42) 스승 사 43) 재주 예 44) 이로울 리 45) 돼지 해(열두째지지 해) 46) 높일 상(오히려 상) 47) 敬老 48) 課業 49) 誠意 50) 畵筆 51) 格言 52) 마땅히 해서는 안 될 행동 53) 골라서 정함 54) 학업에 힘씀 55) 차차 발달하여 나감 56) 소원 57) 냉기 58) 사과 59) 종손 60) 허가 61) 보온 62) 어부 63) 축복 64) 변화 65) 회답 66) ①말씀 설 ②달랠 세 67) ①생각 사 ②은혜 은 68) ② 69) 雪上加霜 70) 眼下無人 71) 庭 72) 布 73) 形 74) 若 75) 第 76) 命 77) 勝 78) 算 79) 級 80) 理 81) 性 82) 急 83) 公 84) 丹 85) 更 86) 勞 87) 然 88) 落 89) 看 90) 佳 91) 韓半島 92) 勢道家 93) 英雄 94) 音聲 95) 敎育熱 96) 交通規則 97) 競試大會 98) 平和統一 99) 地下鐵 100) 歷史

■ 제5회 (☞ 49~50쪽)
1) 영토 2) 거국 3) 사고 4) 구급차 5) 감소 6) 급식 7) 신승 8) 건아 9) 검량 10) 염두 11) 비리 12) 인성 13) 향기 14) 특허 15) 저속 16) 정거장 17) 은제품 18) 불량 19) 불교 20) 구도 21) 他(至) 22) 卒(兵) 23) 革 24) 所 25) 氵, 14 26) 糸, 14 27) 목마를 갈 28) 귀할 귀 29) 갖출 구 30) 볼 감 31) 뭍 륙 32) 손님 객(나그네 객) 33) 신선 선 34) 재 성(성 성) 35) 기를 양(봉양할 양) 36) 소리 성 37) 쌓을 저 38) 집 옥 39) 칠 타 40) 해 세 41) 집 택(집 댁) 42) 갚을 보(알릴 보) 43) 볕 양 44) 다만 단 45) 바랄 망 46) 수컷 웅 47) 郡民 48) 競爭 49) 眞談 50) 祝福 51) 知性 52) 충직한 마음 53) 아침밥 54) 여행길 55) 이 밖. 그 밖 56) 규정 57) 시정 58) 선의 59) 관광 60) 한계 61) 세심 62) 상조 63) 사기열전 64) 독신주의자 65) 신호 66) ①악할 악 ②미워할 오 67) ①만약 약 ②괴로울 고(쓸 고) 68) ② 69) 單刀直入 70) 易地思之 71) 植 72) 巳 73) 必 74) 加 75) 君 76) 吉 77) 空 78) 宇 79) 體 80) 産 81) 强 82) 省 83) 德 84) 詩 85) 可 86) 其 87) 宙 88) 電 89) 倉 90) 便 91) 園藝師 92) 圖畵紙 93) 衣服 94) 送金 95) 勞使 96) 問題 97) 傳統音樂 98) 內容 99) 藥水 100) 賣買業

■ 제6회 (☞ 51~52쪽)
1) 발착 2) 문장 3) 극단 4) 고저 5) 풍성 6) 개폐 7) 호령 8) 원근 9) 빈약 10) 인과 11) 무적 12) 춘추 13) 지부 14) 공과 15) 경주 16) 곡직 17) 만천하 18) 변화 19) 단면 20) 연세 21) 夜 22) 暗 23) 識 24) 加 25) 田, 13 26) 亠, 6 27) 통할 통 28) 다스릴 리(이치 리) 29) 굳을 고 30) 나아갈 진 31) 겉 표 32) 은혜 은 33) 이로울 리 34) 은혜 혜 35) 공경 경 36) 풍속 속 37) 어질 인 38) 바꿀 역(쉬울 이) 39) 악할 악(미워할 오) 40) 재주 기 41) 나그네 려 42) 창문 창 43) 같을 여 44) 옮길 이 45) 도울 도 46) 사사로울 사 47) 輕視 48) 念頭 49) 勉學 50) 題目 51) 喪服 52) 이 세상에서 살아감 53) 가고 옴 54) 허락함 55) 의학에 관한 서적 56) 주부 57) 성악가 58) 축원 59) 차기 60) 최종 61) 조언 62) 무기 63) 검사 64) 특색 65) 한정 66) ①편할 편 ②똥오줌 변 67) ①세울 건 ②굳셀 건 68) ③ 69) 本然之性 70) 語不成說 71) 現 72) 庭 73) 齊 74) 姓 75) 矛 76) 艮 77) 阜 78) 休 79) 重 80) 後 81) 革 82) 玄 83) 麥 84) 韓 85) 老 86) 骨 87) 對 88) 讀 89) 科 90) 流 91) 食單 92) 至當 93) 德望 94) 製鐵所 95) 放送 96) 施賞式 97) 敎育者 98) 感氣 99) 漢藥 100) 誠實

■ 제7회 (☞ 53~54쪽)
1) 전시 2) 상벌 3) 행위 4) 당선 5) 감방 6) 강원도 7) 개체 8) 거물급 9) 갱년기 10) 과제 11) 고차원 12) 결승 13) 원인 14) 인천 15) 양육 16) 금지 17) 육해공군 18) 임야 19) 여과 20) 골육 21) 冷 22) 買 23) 作 24) 服 25) 言, 22 26) 木, 13 27) 가장 최 28) 해 세 29) 눈 안 30) 순할 순 31) 사례할 사 32) 기다릴 대 33) 익힐 련 34) 사사로울 사 35) 볼 관 36) 나그네 려 37) 연고 고(일 고) 38) 장수 장(장차 장) 39) 지날 과(허물 과) 40) 글 장 41) 공경

경 42) 넓을 광 43) 굳셀 건 44) 바를 단(끝 단) 45) 고을 군 46) 밥 반 47) 擧事 48) 貧弱 49) 湖南 50) 進步 51) 視察 52) 옮겨서 심음 53) 차를 멈춤 54) 버릇이 되어버린 성질 55) 나쁜 마음씨 56) 경치 57) 종교 58) 향료 59) 엽서 60) 병세 61) 자연학습 62) 독도 63) 도시 64) 진로 65) 전원농장 66) ①그림 화 ②그을 획 67) ①성할 성 ②재 성 68) ② 69) 有口無言 70) 牛耳讀經 71) 死 72) 朝 73) 形 74) 須 75) 赤 76) 命 77) 幼 78) 利 79) 飛 80) 銀 81) 羽 82) 禮 83) 支 84) 運 85) 黃 86) 英 87) 重 88) 苦 89) 初 90) 漢 91) 海水浴場 92) 終末 93) 特製品 94) 基金 95) 新聞記事 96) 暗黑 97) 增大 98) 精神 99) 說明 100) 減少

■ 제8회 (☞ 55~56쪽)

1) 체력장 2) 회선 3) 경혈 4) 부귀 5) 대처 6) 진담 7) 충성 8) 경마 9) 양복 10) 영해 11) 요식 12) 방송 13) 성신 14) 저음 15) 보은 16) 강타 17) 적십자 18) 지금 19) 선녀 20) 이적행위 21) 往(去) 22) 着 23) 端 24) 聲 25) 穴, 11 26) 氵, 16 27) 다만 단 28) 사례할 사 29) 손님 객(나그네 객) 30) 눈 안 31) 검사할 검 32) 열매 실(성실할 실) 33) 연고 고(일 고) 34) 벼슬 사 35) 함께 공 36) 아내 부(며느리 부) 37) 하여금 사(부릴 사) 38) 가늘 세 39) 수컷 웅 40) 목욕할 욕 41) 도울 조 42) 바꿀 역(쉬울 이) 43) 정기 정(자세할 정) 44) 전할 전 45) 억 억 46) 재 성(성 성) 47) 朝飯 48) 半島 49) 宅地 50) 綠色 51) 監視 52) 학식과 인격이 높아 모범이 될 만한 사람 53) 자꾸 되풀이 하여 익힘 54) 사물을 관찰하고 식별하는 능력 55) 번호의 수효 56) 과거 57) 일편단심 58) 세월 59) 금지 60) 기대 61) 비품 62) 명의 63) 불의 64) 석양 65) 양서 66) ①읽을 독 ②이두 두 67) ①나그네 려 ②겨레 족 68) ④ 69) 正經大原 70) 他山之石 71) 貯 72) 皮 73) 祖 74) 基 75) 朱 76) 級 77) 德 78) 現 79) 京 80) 和 81) 告 82) 等 83) 會 84) 列 85) 初 86) 辛 87) 代 88) 龍 89) 登 90) 絲 91) 停電 92) 個性 93) 規格 94) 結果 95) 輕視 96) 武功 97) 大公園 98) 陸橋 99) 技能 100) 歷史

■ 제9회 (☞ 57~58쪽)

1) 열처리 2) 결과 3) 반성 4) 과외 5) 수건 6) 호수 7) 양약 8) 시인 9) 오감 10) 가전제품 11) 증가 12) 공용 13) 원인 14) 노약자 15) 영어 16) 약간 17) 신록 18) 변기 19) 향신료 20) 군신유의 21) 客 22) 弟 23) 助 24) 末(端) 25) 心, 12 26) 人, 11 27) 이를 치 28) 성인 성 29) 가장 최 30) 공경 경 31) 가난할 빈 32) 지낼 력 33) 굳을 고 34) 볼 관 35) 사례할 사 36) 들 야 37) 변할 변 38) 볼 시 39) 구원할 구 40) 이 시(옳을 시) 41) 말씀 설(달랠 세) 42) 알 식 43) 남을 여 44) 쇠 철 45) 낮을 저 46) 집 옥 47) 放流 48) 德望 49) 建物 50) 端午 51) 郡民 52) 단 한번 53) 식사를 제공함 54) 연결한 선 55) 웅장한 뜻 56) 장교 57) 선거 58) 만개 59) 대각선 60) 무정란 61) 급냉 62) 양친 63) 만리장성 64) 연습 65) 전시장 66) ①집 택 ②집 댁 67) ①작을 소 ②젊을 소(적을 소) 68) ① 69) 日進月步 70) 牛耳讀經 71) 罪 72) 則 73) 藝 74) 齒 75) 淸 76) 植 77) 完 78) 丁 79) 商 80) 勞 81) 李 82) 知 83) 休 84) 鼻 85) 虎 86) 而 87) 舟 88) 幸 89) 齊 90) 細 91) 佳景 92) 敎養 93) 交易 94) 武力統一 95) 決定 96) 具備 97) 文句 98) 福德房 99) 落島 100) 歌曲

■ 제10회 (☞ 59~60쪽)

1) 등기소 2) 염두 3) 형체 4) 다행 5) 단선 6) 음양 7) 암거래 8) 약사 9) 요리 10) 편리 11) 근방 12) 차원 13) 부수 14) 원서 15) 수학 16) 죄악 17) 입춘대길 18) 우주기지 19) 전원소설 20) 필수과목 21) 終(端) 22) 過 23) 話 24) 惠 25) 小, 8 26) 女, 11 27) 호수 호 28) 뜰 정 29) 돼지 해(열두째지지 해) 30) 풍성 풍 31) 지을 제 32) 장수 장(장차 장) 33) 변할 변 34) 이를 치 35) 세울 건 36) 빌 축 37) 바를 단(끝 단) 38) 갖출 비 39) 헤아릴 량 40) 지킬 보(보존할 보) 41) 부릴 사(하여금 사) 42) 별 성 43) 다리 교 44) 힘쓸 면 45) 구할 구 46) 면할 면 47) 獨走 48) 聖經 49) 傳說 50) 富强 51) 器具 52) 사리에 맞아 교훈이 될 만한 짧은 말 53) 죽기를 각오하여 결심함 54) 구경꾼 55) 간절히 바람 56) 창문 57) 경어 58) 귀중 59) 열기 60) 개성 61) 온도 62) 정신 63) 행정관 64) 의지 65) 만고풍상 66) ①별 진 ②때 신 67) ①과실 과 ②매길 과 68) ③ 69) 結草報恩 70) 有口無言 71) 玄 72) 銀 73) 謝 74) 路 75) 第 76) 公 77) 及 78) 圖 79) 求 80) 歌 81) 告 82) 申 83) 活 84) 族 85) 至 86) 勿 87) 答 88) 位

89) 初 90) 省 91) 移住 92) 溫順 93) 電話 94) 誠實 95) 期間 96) 家庭 97) 藝能 98) 葉書 99) 海運業 100) 俗談

■ 제11회 (☞ 61~62쪽)
1) 시력 2) 의지 3) 부문 4) 낙엽 5) 독특 6) 금지 7) 원서 8) 안과 9) 건전 10) 졸업 11) 성실 12) 선수 13) 구비 14) 실시 15) 풍족 16) 전쟁 17) 개명 18) 연세 19) 결성 20) 보도 21) 減 22) 貧 23) 見(監) 24) 所 25) ⼗⼗, 19 26) 曰, 12 27) 손님 객(나그네 객) 28) 볕 경(경치 경) 29) 그림 화(그을 획) 30) 패할 패 31) 들 거 32) 소나무 송 33) 호수 호 34) 합할 통(거느릴 통) 35) 세울 건 36) 연고 고(일 고) 37) 도울 협(합할 협) 38) 집 택(집 댁) 39) 검사할 검 40) 함께 공 41) 돼지 해(열두째지지 해) 42) 칠 타 43) 결단할 결 44) 과실 과 45) 닫을 폐 46) 충성 충 47) 經歷 48) 過去 49) 使用 50) 許容 51) 固定 52) 진정에서 나온 말 53) 펴서 벌림 54) 여행 길 55) 제한하여 정함 56) 접대 57) 개성 58) 규격 59) 경기 60) 연습 61) 성가 62) 은혜 63) 갈망 64) 전송 65) 전진 66) ①편할 편 ②오줌 변 67) ①살 매 ②팔 매 68) ③ 69) 漁父之利 70) 甘言利說 71) 佳 72) 必 73) 訓 74) 更 75) 話 76) 布 77) 各 78) 界 79) 和 80) 平 81) 看 82) 苦 83) 現 84) 太 85) 强 86) 告 87) 幸 88) 體 89) 巨 90) 曲 91) 宗親 92) 敬禮 93) 物件 94) 單行本 95) 熱量 96) 藥師 97) 答案紙 98) 高次元 99) 最大 100) 生活

■ 제12회 (☞ 63~64쪽)
1) 역사 2) 회답 3) 지하철 4) 변화 5) 통일 6) 축복 7) 경시 8) 어부 9) 규칙 10) 보온 11) 교통 12) 허가 13) 평화 14) 종손 15) 음성 16) 사과 17) 영웅 18) 냉기 19) 세도가 20) 소원 21) 重 22) 過 23) 加 24) 備 25) 里, 12 26) 耳, 13 27) 볼 관 28) 고을 군 29) 가장 최 30) 죄 죄 31) 벼슬 관 32) 귀할 귀 33) 곳 처(살 처) 34) 도울 조 35) 넓을 광 36) 다할 극 37) 창 창 38) 제목 제(이마 제) 39) 다리 교 40) 줄 급 41) 참 진 42) 지을 제 43) 구원할 구 44) 그릇 기 45) 더할 증 46) 정기 정(자세할 정) 47) 禁勿 48) 進步 49) 勉學 50) 選定 51) 敬老 52) 닦아야 할 업무 53) 정성스러운 뜻 54) 그림을 그리는데 쓰이는 붓 55) 사리에 맞아 교훈이 될만한 짧은 말 56) 풍상 57) 원조 58) 암운 59) 제례 60) 안건 61) 번호 62) 접대 63) 전시 64) 종결 65) 협동 66) ①말씀 설 ②달랠 세 67) ①은혜 은 ②생각 사 68) ③ 69) 眼下無人 70) 雪上加霜 71) 其 72) 當 73) 淸 74) 志 75) 基 76) 德 77) 責 78) 宙 79) 吉 80) 圖 81) 倉 82) 畫 83) 農 84) 度 85) 着 86) 朱 87) 能 88) 讀 89) 紙 90) 族 91) 園兒 92) 原料 93) 往來 94) 檢擧 95) 餘望 96) 順理 97) 國政 98) 施行 99) 年歲 100) 報告

■ 제13회 (☞ 65~66쪽)
1) 성실 2) 한정 3) 한약 4) 특색 5) 감기 6) 검사 7) 교육 8) 무기 9) 시상 10) 조언 11) 방송 12) 최종 13) 제철 14) 차기 15) 덕망 16) 축원 17) 지당 18) 성악 19) 식단 20) 주부 21) 惡 22) 明 23) 增 24) 惠 25) 穴, 11 26) 日, 8 27) 붉을 단 28) 홀로 독 29) 정사 정 30) 싸울 전 31) 다만 단 32) 헤아릴 량 33) 머무를 정 34) 쌓을 저 35) 말씀 담(이야기 담) 36) 두 량 37) 이을 접 38) 장수 장(장차 장) 39) 섬 도 40) 지낼 력 41) 전할 전 42) 써 이 43) 기다릴 대 44) 익힐 련 45) 펼 전 46) 옳을 의 47) 處世 48) 醫書 49) 許容 50) 往來 51) 輕視 52) 생각의 시작 53) 상제로 있는 동안 입는 예복 54) 책 겉에 쓰는 책의 이름 55) 학업에 힘씀 56) 단면 57) 발착 58) 극단 59) 풍성 60) 호령 61) 빈약 62) 무적 63) 지부 64) 경주 65) 만천하 66) ①편할 편 ②오줌 변 67) ①세울 건 ②굳셀 건 68) ② 69) 語不成說 70) 本然之性 71) 落 72) 路 73) 宗 74) 爭 75) 良 76) 勞 77) 族 78) 場 79) 列 80) 屋 81) 祖 82) 作 83) 令 84) 萬 85) 第 86) 意 87) 禮 88) 末 89) 電 90) 銀 91) 開閉 92) 文章 93) 高低 94) 遠近 95) 因果 96) 春秋 97) 功過 98) 曲直 99) 變化 100) 年歲

■ 제14회 (☞ 67~68쪽)
1) 정전 2) 양서 3) 역사 4) 석양 5) 기능 6) 불의 7) 육교 8) 명의 9) 공원 10) 비품 11) 무공 12) 기대 13) 경시 14) 금지 15) 결과 16) 세월 17) 규격 18) 단심 19) 개성 20) 과거 21) 來 22) 發 23) 端 24) 音 25) 宀, 14 26) 隹, 12 27) 찰 만(가득할 만) 28) 살 매 29) 그늘 음 30) 재주 예 31) 바랄 망 32) 맛 미 33) 바랄 원 34) 잎 엽 35) 힘쓸 면 36) 부처 불

37) 구름 운 38) 열 열(더울 열) 39) 변할 변 40) 방 방 41) 모습 용 42) 남을 여 43) 팔 매 44) 지킬 보(보존할 보) 45) 집 옥 46) 같을 여 47) 湖水 48) 宅地 49) 練習 50) 觀客 51) 識見 52) 아침밥 53) 삼면이 바다로 둘러 쌓인 땅 54) 푸른색과 누른색의 중간색 55) 잘못되는 일이 있을까 늘 보살핌 56) 체력 57) 대처 58) 충성 59) 양복 60) 요식 61) 일월성신 62) 보온 63) 적십자 64) 선녀 65) 경혈 66) ①다시 갱 ②바꿀 경 67) ①겨레 족 ②나그네 려 68) ① 69) 他山之石 70) 政經大原 71) 亡 72) 物 73) 位 74) 溫 75) 每 76) 美 77) 元 78) 英 79) 命 80) 反 81) 運 82) 永 83) 聞 84) 番 85) 宇 86) 然 87) 勿 88) 法 89) 完 90) 業 91) 行爲 92) 支給 93) 强打 94) 低音 95) 放送 96) 領海 97) 競馬 98) 眞談 99) 富貴 100) 回線

■ 제15회 (☞ 69~70쪽)
1) 속담 2) 풍상 3) 해운 4) 의지 5) 엽서 6) 행정 7) 예능 8) 정신 9) 가정 10) 온도 11) 기간 12) 개성 13) 성실 14) 열기 15) 전화 16) 귀중 17) 온순 18) 경어 19) 이주 20) 창문 21) 終(端.末) 22) 功 23) 談 24) 恩 25) 寸, 11 26) 乀, 9 27) 가난할 빈 28) 상줄 상 29) 억 억 30) 알 식 31) 얼음 빙 32) 죽을 상 33) 고기잡을 어 34) 시험 시 35) 벼슬 사 36) 신선 선 37) 기를 양 38) 볼 시 39) 사사로울 사 40) 착할 선 41) 들 야 42) 이 시(옳을 시) 43) 생각 사 44) 가릴 선 45) 책상 안(생각 안) 46) 베풀 시 47) 渴望 48) 觀客 49) 決死 50) 器具 51) 獨走 52) 종교의 최고 법전이 되는 책 53) 옛부터 내려오는 이야기 54) 나라가 부하고 강함 55) 사리에 맞아 교훈이 될 만한 짧은 말 56) 등기소 57) 형체 58) 단선 59) 암거래 60) 요리 61) 근방 62) 부수 63) 수학 64) 입춘 65) 소설 66) ①별 진 ②때 신 67) ①매길 과 ②과실 과 68) ③ 69) 結草報恩 70) 有口無言 71) 病 72) 寺 73) 洋 74) 新 75) 步 76) 巳 77) 若 78) 信 79) 福 80) 産 81) 弱 82) 植 83) 服 84) 算 85) 兒 86) 詩 87) 史 88) 商 89) 神 90) 時 91) 念頭 92) 多幸 93) 陰陽 94) 藥師 95) 便利 96) 次元 97) 願書 98) 罪惡 99) 宇宙 100) 科目

■ 제16회 (☞ 71~72쪽)
1) 분명 2) 신념 3) 속담 4) 장래 5) 불경 6) 지식 7) 사례 8) 사실 9) 다도해 10) 건물 11) 증가 12) 과거 13) 호수 14) 규칙 15) 주소 16) 방학 17) 소식 18) 교훈 19) 국민 20) 유용 21) 輕 22) 公 23) 談(言) 24) 圖 25) 示, 11 26) 宀, 12 27) 눈 설 28) 성인 성 29) 순할 순 30) 고칠 개 31) 말씀 설(달랠 세, 기쁠 열) 32) 소리 성 33) 소나무 송 34) 손님 객(나그네 객) 35) 재 성 36) 성실할 성(정성 성) 37) 보낼 송 38) 물건 건(사건 건) 39) 별 성 40) 권세 세 41) 목마를 갈 42) 굳셀 건 43) 성할 성 44) 해 세(나이 세) 45) 볼 감 46) 격식 격 47) 回線 48) 往來 49) 是正 50) 貧弱 51) 具色 52) 싸움에서 짐 53) 앞면과 뒷면 54) 착하고 어질음 55) 여러 사람이 일을 같이 함 56) 시대 57) 개성 58) 경치 59) 제철 60) 타자 61) 갱신(경신) 62) 보전 63) 허가 64) 검찰 65) 적군 66) ①바꿀 역 ②쉬울 이 67) ①길 영 ②얼음 빙 68) ① 69) 讀書亡羊 70) 良藥苦口 71) 成 72) 植 73) 語 74) 宇 75) 省 76) 申 77) 然 78) 運 79) 數 80) 兒 81) 英 82) 元 83) 勝 84) 弱 85) 溫 86) 位 87) 詩 88) 洋 89) 完 90) 育 91) 終末 92) 無味 93) 都市 94) 早期 95) 停止 96) 熱望 97) 待接 98) 閉門 99) 選擧 100) 生活

■ 제17회 (☞ 73~74쪽)
1) 이민 2) 경례 3) 창문 4) 자타 5) 협조 6) 최선 7) 여행 8) 음지 9) 양면 10) 외제 11) 단정 12) 전쟁 13) 급료 14) 철교 15) 북극 16) 설경 17) 정지 18) 하기 19) 문화 20) 부부 21) 溫 22) 將 23) 技(才.術) 24) 目 25) 言, 19 26) 彳, 9 27) 공경 경 28) 갖출 구 29) 홑 단 30) 익힐 련 31) 공 공 32) 고을 군 33) 기다릴 대 34) 뭍 륙 35) 볼 관 36) 법 규 37) 도울 도 38) 바랄 망 39) 벼슬 관 40) 금할 금 41) 홀로 독 42) 맛 미 43) 넓을 광 44) 생각 념 45) 지낼 력 46) 변할 변 47) 聲量 48) 勢道 49) 勉學 50) 果然 51) 課業 52) 한 곳에 꽉 자리잡아 바뀌지 않음 53) 남의 은례를 갚음 54) 꽃이 한꺼번에 활짝 핌 55) 잘못에 대한 용서를 빎 56) 한파 57) 주단 58) 빙수 59) 기간 60) 필방 61) 초상 62) 만고 63) 송림 64) 속담 65) 경시 66) ①그림 화 ②그을 획 67) ①글 시 ②때 시 68) ① 69) 犬馬之勞 70) 結草報恩

71) 語 72) 完 73) 銀 74) 定 75) 業 76) 宇 77) 意 78) 庭 79) 然 80) 元 81) 作 82) 第 83) 永 84) 位 85) 場 86) 祖 87) 英 88) 育 89) 電 90) 晝 91) 貧富 92) 問題 93) 賣買 94) 綠色 95) 武器 96) 水仙花 97) 牙城 98) 精進 99) 先發 100) 回數

■ 제18회 (☞ 75~76쪽)

1) 매매 2) 신호 3) 약수 4) 독신 5) 내용 6) 사기 7) 전통 8) 상조 9) 문제 10) 세심 11) 음악 12) 한계 13) 송금 14) 관광 15) 의복 16) 선의 17) 도화 18) 시정 19) 원예 20) 규정 21) 使 22) 卒(兵) 23) 改(皮) 24) 處 25) 食, 15 26) 止, 13 27) 지킬 보(보전할 보) 28) 얼음 빙 29) 죽을 상 30) 별 성 31) 아내 부(며느리 부) 32) 벼슬 사 33) 서리 상 34) 성할 성 35) 부자 부 36) 사사로울 사 37) 가릴 선 38) 성인 성 39) 갖출 비 40) 사례할 사 41) 눈 설 42) 권세 세 43) 가난할 빈 44) 상줄 상 45) 말씀 설(달랠 세) 46) 소나무 송 47) 忠心 48) 以外 49) 旅路 50) 朝飯 51) 至誠 52) 그 고을에 사는 사람 53) 서로 겨루어 다툼 54) 진정에서 나온 말 55) 앞날의 행복을 빎 56) 영토 57) 사고 58) 감소 59) 신승 60) 검량 61) 비리 62) 향기 63) 저속 64) 제품 65) 불교 66) ①악할 악 ②미워할 오 67) ①만약 약 ②쓸 고 68) ③ 69) 易地思之 70) 單刀直入 71) 志 72) 太 73) 豊 74) 形 75) 着 76) 通 77) 筆 78) 和 79) 責 80) 平 81) 海 82) 化 83) 淸 84) 布 85) 幸 86) 話 87) 則 88) 表 89) 現 90) 訓 91) 擧國書 92) 救急車 93) 給食 94) 健兒 95) 念頭 96) 人性 97) 特許 98) 停車 99) 不良 100) 求道

■ 제19회 (☞ 77~78쪽)

1) 감소 2) 농장 3) 설명 4) 진로 5) 정신 6) 도시 7) 증대 8) 독도 9) 암흑 10) 학습 11) 신문 12) 병세 13) 기금 14) 엽서 15) 특제 16) 향료 17) 종말 18) 종교 19) 기사 20) 경치 21) 溫 22) 私 23) 製 24) 衣 25) 广, 15 26) 見, 25 27) 베풀 시 28) 책상 안(생각 안) 29) 같을 여 30) 갈 왕 31) 이 시(옳을 시) 32) 약 약 33) 바꿀 역(쉬울 이) 34) 모습 용(얼굴 용) 35) 시험 시 36) 별 양 37) 더울 열 38) 구름 운 39) 알 식 40) 고기잡을 어 41) 재주 예 42) 수컷 웅(웅장할 웅) 43) 열매 실 44) 억 억 45) 집 옥 46) 원할 원(바랄 원) 47) 移植 48) 停車 49) 習性 50) 惡德 51) 貧弱 52) 실시 사정을 돌아다니며 살펴봄 53) 차차 발달하여 나아감 54) 전라남북도 55) 일을 일으킴 56) 전시 57) 행위 58) 감방 59) 개체 60) 갱년기 61) 고차원 62) 원인 63) 양육 64) 공군 65) 여파 66) ①그림 화 ②그을 획 67) ①재 성 ②성할 성 68) ① 69) 牛耳讀經 70) 有口無言 71) 家 72) 計 73) 休 74) 話 75) 間 76) 故 77) 後 78) 虎 79) 艮 80) 瓜 81) 孝 82) 兄 83) 江 84) 交 85) 會 86) 穴 87) 巾 88) 校 89) 活 90) 玄 91) 賞罰 92) 當選 93) 江原道 94) 巨物級 95) 課題 96) 決勝 97) 仁川 98) 禁止 99) 林野 100) 骨肉

■ 제20회 (☞ 79~80쪽)

1) 가곡 2) 전시장 3) 낙도 4) 연습 5) 복덕방 6) 장성 7) 문구 8) 양친 9) 구비 10) 급냉 11) 결정 12) 무정란 13) 무력 14) 대각선 15) 교역 16) 만개 17) 교양 18) 선거 19) 가경 20) 장교 21) 主 22) 兄(師) 23) 協 24) 端(終) 25) 里, 11 26) 曰, 12 27) 동산 원 28) 옮길 이 29) 원수 적 30) 제사 제 31) 할 위(될 위) 32) 써 이 33) 싸울 전 34) 제목 제 35) 은혜 은 36) 어질 인 37) 이을 접(접할 접) 38) 일찍 조 39) 그늘 음 40) 글 장 41) 머무를 정 42) 군사 졸(마칠 졸) 43) 의원 의 44) 쌓을 저 45) 정사 정 46) 일찍 증 47) 單番 48) 給食 49) 回線 50) 雄志 51) 放流 52) 덕이 높고 인망이 있음 53) 집 따위등 세운 물건 54) 음력 오월 초 닷샛날의 명절 55) 그 고을에 사는 사람들 56) 결과 57) 과외 58) 호수 59) 시인 60) 가전제품 61) 공용 62) 노약자 63) 약간 64) 변기 65) 군신유의 66) ①집 택 ②집 댁 67) ①작을 소 ②적을 소(젊을 소) 68) ① 69) 牛耳讀經 70) 日進月步 71) 鬼 72) 男 73) 革 74) 夏 75) 近 76) 年 77) 向 78) 皮 79) 今 80) 多 81) 合 82) 風 83) 氣 84) 短 85) 漢 86) 片 87) 南 88) 答 89) 學 90) 蟲 91) 熱處理 92) 反省 93) 手巾 94) 韓藥 95) 五感 96) 增加 97) 原因 98) 英語 99) 新綠 100) 香料